中职生劳动教育

主 编 高 瑜
副主编 杨北冬 陈 莉

北京理工大学出版社
BEIJING INSTITUTE OF TECHNOLOGY PRESS

内 容 简 介

　　劳动教育的核心是劳动思想、劳动态度和劳动方法。本教材面向中等职业学校，以树立劳动观念、端正劳动态度、培育劳动品质、弘扬劳动精神、锻炼劳动能力、保证劳动安全、保障劳动权益、传承劳动文化8个专题构建内容，每个专题设置课前自测、材料微评、知识探究、榜样引领、躬身实践等模块，并制作配套教学指导意见及相关融媒体资源，形成课前、课中、课后闭环教学资源链。专题内容涵盖齐全，着重强化劳动观念、弘扬劳动精神，强调身心参与、注重手脑并用，继承优良传统、彰显时代特征，发挥主体作用、激发创新创造。

　　本教材落实《大中小学劳动教育指导纲要（试行）》要求，结合专业特点，构建了丰富的劳动教育内容，旨在增强学生的职业荣誉感和责任感，提高其职业劳动技能水平，培育其积极向上的劳动精神和认真负责的劳动态度。教材围绕劳动精神、劳模精神、工匠精神、劳动组织、劳动安全和劳动法规，将劳动教育全面融入公共基础课和专业课之中，力图培养学生的敬业精神以及吃苦耐劳、团结合作、严谨细致的工作态度。

图书在版编目（CIP）数据

　　中职生劳动教育 / 高瑜主编. -- 北京 ： 北京理工
大学出版社， 2023.3（2024.9重印）
　　ISBN 978-7-5763-2242-2

　　Ⅰ.①中… Ⅱ.①高… Ⅲ.①劳动教育－中等专业学
校－教材 Ⅳ.①G40-015

　　中国国家版本馆CIP数据核字（2023）第059952号

责任编辑：王晓莉		**文案编辑**：王晓莉	
责任校对：周瑞红		**责任印制**：边心超	

出版发行 / 北京理工大学出版社有限责任公司
社　　址 / 北京市丰台区四合庄路6号
邮　　编 / 100070
电　　话 / （010）68914026（教材售后服务热线）
　　　　　　（010）63726648（课件资源服务热线）
网　　址 / http：//www.bitpress.com.cn

版 印 次 / 2024年9月第1版第4次印刷
印　　刷 / 定州市新华印刷有限公司
开　　本 / 889 mm×1194 mm　1/16
印　　张 / 12.5
字　　数 / 209千字
定　　价 / 39.00元

劳动是一切幸福的源泉。回望历史，"中国奇迹"的创造、"中国震撼"的交响，无不凝聚着广大劳动者的智慧和汗水；生活的美好、社会的进步，莫不源于平凡艰辛的劳动。习近平总书记强调："要在学生中弘扬劳动精神，教育引导学生崇尚劳动、尊重劳动，懂得劳动最光荣、劳动最崇高、劳动最伟大、劳动最美丽的道理，长大后能够辛勤劳动、诚实劳动、创造性劳动。"劳动教育是中国特色社会主义教育制度的重要内容，直接决定社会主义建设者和接班人的劳动精神面貌、劳动价值取向和劳动技能水平。

本教材将劳动观念和劳动精神教育贯穿于人才培养的全过程，贯穿于家庭、学校、社会各方面，注重让学生在学习劳动知识，掌握劳动技能的过程中，领悟劳动的意义和价值。通过培养学生面对真实的个人生活、生产和社会性服务的任务情境，亲历实际的劳动过程，善于观察思考，注重运用所学知识解决实际问题，提高劳动质量和效率。在充分发挥传统劳动、传统工艺项目育人功能的同时，本教材紧跟科技发展和产业变革，准确把握新时代劳动工具、劳动技术、劳动形态的新变化，创新劳动教育内容、途径、方式，增强劳动教育的时代性。

编写特点

1. 立足素质培养，重视价值引领

将价值观教育与学科知识融合，准确把握新时代劳动教育的内涵和方向，引导学生树立正确的劳动观，崇尚劳动、尊重劳动，突出奋斗精神和奉献精神。强调劳动的社会价值和个体价值相统一。立足职业教育高素质劳动者和技术技能人才的培养目标，强调劳动为人民服务的社会价值，引导学生通过自身劳动为社会发展做出贡献。将社会主义核心价值观贯穿于学生日常劳动、学校劳动、家庭劳动及社会劳动等方面，培育学生劳动素养。

2. 精准定位课程，体现时代内涵

围绕培养担当民族复兴大任的时代新人，将劳动教育内容主题化、体系化、案例化，体现科学性、整体性、拓展性、开放性，实现通识性与专业性相融合、理论与实践相结合。适应科技发展和产业变革，借助专题内容，系统构建学科知识，培养学生感知新时代复合型劳动形态，体悟新时代劳动内涵与价值。

3. 注重学段衔接，彰显职教特色

有效对接义务教育学段及高等院校劳动教育课程内容，体现中等职业教育育人目标及中职教育教学特点。结合专业人才培养，培育学生精益求精的工匠精神和爱岗敬业的劳动态度，提高学生职业技能水平，解决劳动观念不强、劳动意愿不高、劳动能力不足、专业技能训练不够、劳动安全和环境保护意识薄弱等问题。创新教材形式，以活页及融媒体形式承载专业技能内容，扩充课程教学资源，促进教材有机更新。

4. 凸显本土特点，实现文化育人

根据地区和学校实际，结合本地自然、经济、文化优势和特点，充分挖掘行业企业、院校资源，发挥文化育人功能，突出专门性和融合性。专门设置劳动文化专题，融合中华优秀传统文化、天府文化、校园文化，结合地区"非遗"、校园工作坊等特色课程，全面挖掘传统文化中宝贵的劳动价值观念，总结区域文化中劳动奋斗者的光辉历程以及校园劳动文化的精神内核，使学生感受到劳动文化的发展脉络和历史底蕴。

编写团队

本教材由高瑜担任主编，负责总体策划、全面研究和统稿工作。杨北冬、陈莉担任副主编，负责教材的整体设计、统筹协调、内容选定。本教材编写小组汇集了成都市中高职20余位专业劳动教育教师、思政教师、语文教师、专业课教师、劳动模范等。其中，专题一由蒙小建、王萍萍、周毅姗编写，专题二由蒙小建、涂元涛、刘银编写，专题三由何吉永、赵鸿峰、王萍萍编写，专题四由余彩霞、颜露曦、冯丽娟编写，专题五由周毅姗、钟新凤、刘佳、徐畅编写，专题六由杨闯、臧日华、周运超、刘肖卫编写，专题七由张向前、江东杰、刘芯言编写，专题八由文成忠、唐莎、逯松松、蒙小建编写。

由于编者水平有限，书中难免有不妥之处，敬请广大读者批评指正。

编　者

中职生劳动教育

学习手册

班级：_____

姓名：_____

学号：_____

北京理工大学出版社
BEIJING INSTITUTE OF TECHNOLOGY PRESS

Contents
目录

观念篇：认识劳动 点亮劳动之路

课前自测

请同学们扫描二维码，完成课前自我检测。

躬身实践

任务一

有人认为，不同社会形态下，脑力劳动与体力劳动的贡献程度不同；有人认为，脑力劳动与体力劳动没有区别，只是社会分工或劳动体现的主要形态不同。请以"体力劳动与脑力劳动谁贡献价值大"为主题进行辩论。

一、活动主题："体力劳动与脑力劳动谁贡献价值大"主题辩论

二、活动时间： _____

三、活动地点： _____

四、活动准备

1. 赛场各类舞台布置、PPT及服装或道具。

2. 分组及辩论素材准备。

全班根据辩题分成正方"体力劳动贡献大"和反方"脑力劳动贡献大"，各方推选一名组长，组长遴选辩论比赛选手，其余人员作为后勤支援；分组结束后通过各类平台根据本方辩题搜索每个环节的辩论资料，要求观点突出、表达贴切、材料翔实。

五、活动流程

1. 主持人致开场词，宣布辩题及介绍正反方团队。

2. 主持人介绍点评嘉宾和比赛规则、比赛纪律。

3. 比赛开始。

4. 宣布比赛结果。

5. 评析赛事。

6. 比赛结束。

六、活动评价

活动评价

评价维度	评价标准	自评	小组评	教师评	备注
前期准备（30分）	积极参与材料收集和各辩手论点论据撰写；参与活动前期各项筹备				
活动参与（30分）	活动开展中积极出力，坚守岗位，参与活动的各环节，认真且效果好				
小组协作（30分）	小组内配合默契，主动提出意见或建议，服从工作安排，高效完成自身承担的任务				
整体效果（10分）	整体在活动中表现得主动积极，助力活动的精彩呈现				

备注：担任组长及在活动中作为前期布置的主要成员加10分。

任务二

"悦劳乐享"劳动实施计划书编制

个人姓名		班级	
团队成员		任务时间	
劳动主题			
劳动准备			
劳动过程			

续表

劳动图片	

<table>
<tr><td colspan="3" align="center">劳动评价</td></tr>
<tr><td>阶段任务内容</td><td>任务要求、完成情况</td><td>得分</td></tr>
<tr><td>任务目标（10分）</td><td>制订个人学期劳动实施计划书</td><td></td></tr>
<tr><td>任务内容（40分）</td><td>明确学期劳动任务，制订劳动计划；确定阶段性中心任务和工作重点，分解劳动内容，让预期目标具体化、明确化。明确计划实施的地点与实践；形成最终成果</td><td></td></tr>
<tr><td>任务掌握的劳动知识和技能（30分）</td><td>罗列劳动任务实施需要掌握的劳动知识和技能</td><td></td></tr>
<tr><td>总结评价（10分）</td><td>对劳动任务编制情况进行总结评价</td><td></td></tr>
<tr><td colspan="3">我的收获和感悟：</td></tr>
</table>

任务三

　　假如给你一次穿越的机会，你选择空降到哪个朝代？面对古代的劳动生活场景，你能凭借现代的知识过上一种怎样的生活？假如古代的工匠大师们穿越到了现代，面对现代的科技生产技术，又会发生怎样有趣的故事呢？请以班级为单位开展"穿越千年话劳动——劳动形态变形"情景剧表演。

一、活动主题：穿越千年话劳动——劳动形态变形记

二、活动时间：＿＿＿＿＿＿＿＿＿＿＿＿＿＿＿＿＿＿＿＿＿＿

三、活动开展

1. 小组讨论剧情，撰写情景剧剧本。

2. 角色划分，参演人员进行演出排练。

3. 布置表演场地，演出情景剧。

四、活动评价

"穿越千年话劳动"情景剧表演

活动评价

评价维度	评价标准	自评	小组评	教师评	备注
前期准备（30分）	积极参与资料搜集和剧本撰写；服装道具准备				
活动参与（30分）	坚守岗位，参与活动的各环节，认真且效果好				
小组协作（30分）	小组配合默契，服从工作安排，高效完成任务				
整体效果（10分）	主动积极，助力活动的精彩呈现				

备注：担任组长及班级领导小组成员加 10 分。

任务四

"劳动育未来"主题宣传展示

劳动任务及评价

个人姓名		班级	
团队成员		任务时间	

劳动主题	
劳动准备	
劳动过程	
劳动图片	

劳动评价		
评价维度	任务要求、完成情况	得分
价值体认（10分）	以小组为单位，制作主题劳动教育宣传板；可以涉及多个板块，包含但不限于：劳动简史、劳动文化、劳动模范等	
创新设计（20分）	深刻认识劳动的意义，全面了解劳动发展历史和沿革，多方面展示劳动的魅力	
实践过程（40分）	收集信息资料，按照主题要求明确分工，体验展板制作的劳动过程；以小组为单位，分工协作；通过文字描述和图片配置，完成宣传展板制作	
实施成果（20分）	班级组成评审小组，并邀请老师多方评价	
反思改进（10分）	反思展板主题设计存在的问题，明确在材料及整体效果制作上的改进之处	

续表

我的收获和感悟：

任务五

劳动使机器飞速转动，劳动使田畴瓜果飘香；劳动是人类永远的旋律，劳动是勤劳者心灵之歌；劳动让世界展现美好，劳动创造幸福生活。在百年奋进征程中，我们要勤于创造、勇于奋斗，以劳动托起中国梦。请以"劳动创造美·建功新时代"为主题开展演讲比赛。

一、活动主题："劳动创造美·建功新时代"主题演讲比赛

二、活动时间：_____

三、活动地点：_____

四、活动准备

1. 物品准备：演讲背景音乐、PPT 及服装或道具。

2. 文稿准备：自行撰写一篇主题鲜明、表达贴切、观点清晰的演讲稿。

3. 组织筹备：根据活动要求，组建活动筹备小组，根据演讲比赛的要求策划具体活动方案。

4. 比赛准备：汇总音乐、PPT，准备好设备及道具，抽签确定顺序并落实活动彩排。

五、活动要求

演讲比赛要求：内容契合主题，表达准确；使用普通话，脱稿，表达流畅；比赛采用百分制，赛前抽签决定顺序，限时 5~8 分钟，超时或时间不够扣 5~10 分。

六、活动评价

演讲活动评价

评价维度	评价标准	自评	小组评	教师评	备注
前期准备（30分）	参与材料收集和演讲稿撰写；参与各项筹备				

续表

评价维度	评价标准	自评	小组评	教师评	备注
活动参与 （30分）	活动积极，坚守岗位，参与活动认真、效果好				
小组协作 （30分）	配合默契，服从工作安排，高效完成任务				
整体效果 （10分）	活动表现得主动积极，助力活动的精彩呈现				

备注：担任组长及班级领导小组成员加10分。

任务六

请根据学校自身情况，依托学校实训室或实训基地开展"8S"劳动实践活动。

劳动实践任务评价

个人姓名		班级	
团队成员		任务时间	
劳动主题			
劳动准备			
劳动过程			
劳动图片			

续表

劳动评价		
阶段任务内容	任务要求、完成情况	得分
收到任务，分析任务（10分）	接到任务后，分析任务，确定要完成的劳动内容，学习实训室"8S"管理方法	
学习实训室安全操作规程（10分）	认真阅读实训室操作规程，熟悉每项要求	
设备操作（10分）	不出现错误操作及重复动作，合理合规，正确操作	
清扫实训室（20分）	达到清扫标准，整齐干净	
规范整理清洁（50分）	门窗玻璃无尘，地面无积水、无垃圾，用具规范、整洁有序	
我的收获和感悟：		

榜样引领

请同学们扫描二维码，阅读本专题的榜样案例。

态度篇：端正态度
共创劳动之梦

专题二

请同学们扫描二维码，完成课前自我检测。

躬身实践

任务一

世界的美好是由千千万万的普通人和从普通人脱颖而出的伟人创造的。请以"致敬普通劳动者"为主题开展活动，向劳动者致敬，为奋斗者点赞，发现普通劳动者的大美大爱，在心灵深处播散下崇尚劳动、崇尚奋斗的种子。

一、活动主题："致敬普通劳动者"主题活动

二、活动时间：_____

三、活动地点：_____

四、活动准备

1. 物品准备：展板、剪辑视频、劳动节 PPT、照片。

2. 发言准备：发言具有真情实感，能体会到劳动的艰辛和意义。

五、活动实施

（一）准备阶段

1. 带上笔记本、手机、相机等物品，到附近了解周围劳动者的劳动内容、劳动时间，做好笔记，留存影像资料。

2. 了解家庭成员的劳动项目，在条件允许的情况下，与家人共同进行劳动，并留存视频、图片资料。

3. 参与和自己专业相关的劳动项目或感兴趣的劳动项目进行体验。记录自己在劳动过程中的感悟。

4.剪辑汇总劳动视频。

（二）实施阶段

1.介绍"五一"国际劳动节，讲解劳动节的来历。

2.观看劳动视频，分享劳动感悟。

3.制作"劳动最光荣"展板。

（三）拓展阶段

为家人、学校工作人员或陌生劳动者制作一份小礼物或送上一句祝福。

六、活动评价

致敬普通劳动者活动评价

评价维度	评价标准	自评	小组评	教师评	备注
前期准备（60分）	访问普通劳动者，聆听劳动内容，感受普通劳动者的不平凡。参与劳动过程并留存影像资料				
活动参与（10分）	讲述普通劳动者的劳动内容，分享劳动感悟				
小组协作（10分）	小组分工明确，配合默契，展板制作有创意，有美感				
延伸活动（10分）	向陌生劳动者表达敬意。体会"劳动光荣，创造伟大"的情感				

任务二

别开生"面"——劳动实践体验活动

个人姓名		班级	
家庭成员		任务时间	

续表

体验主题	
劳动准备	
劳动过程	
劳动图片	

劳动评价		
评价维度	任务要求、完成情况	得分
价值体认（10分）	搜集关于面食的实物、图片、视频等，通过"面是怎么来的""美味的面""小麦成长"等主题学习，了解常见面食制作及文化	
创新设计（10分）	掌握面食制作的方法流程，习得相应技能，创新面食颜色、食材配比、造型，并描绘创新背后的寓意	
实践过程（50分）	自主备料；掌握各类厨具的使用；通过学习发面，制作馒头、包子、面汤、面条等面食，体会劳动快乐	
实施成果（20分）	请家人或朋友从色香味的角度进行评价	
反思改进（10分）	反思面食在制作上的改进之处	

我的收获和感悟：

任务三

让我们把目光对准勤勤恳恳、兢兢业业，始终奋战在个人岗位的普通劳动者，以"最美瞬间"为主题，用镜头捕捉最美瞬间，记录劳动故事，深情礼赞劳动精神。

一、活动主题："最美瞬间"视频征集活动

二、活动时间： _____

三、活动地点： _____

四、活动要求

1. 拍摄一个60~90秒的短视频，内容、人物、职业不限，工作状态不限，内容积极向上。

2. 必须为原创作品，内容必须真实，符合大赛主题。

3. 作品内容要积极健康、手法新颖、主题鲜明、构图美观。

4. 附300字以内文字说明（含拍摄内容概述、拍摄人姓名）。

五、成果展示

略。

六、劳动评价

劳动评价

评价维度	评价标准	自评	小组评	教师评	备注
前期准备（30分）	参与活动前期各项筹备				
活动参与（30分）	积极按照要求进行编辑、录制，参与活动认真且效果好				
小组协作（30分）	小组配合默契，服从工作安排，高效完成自身任务				

续表

评价维度	评价标准	自评	小组评	教师评	备注
整体效果（10分）	活动中表现主动积极，助力活动的精彩呈现				

备注：担任组长及在活动中作为前期布置的主要成员建议加 10 分。

任务四

米饭是一种用稻米与水做成的食物。1972 年湖南长沙马王堆汉墓出土的竹简上记载了有关"卵熇"的资料。经专家考证，"卵熇"是一种用黏米饭加鸡蛋制成的食品，类似于今天的蛋炒饭。随着社会物质的不断丰富，各地蛋炒饭有不同的形态和味道。请制作一份你的独特味道的蛋炒饭，并填写下表。

"独特的味道"劳动任务单及评价

姓名		劳动日期	
劳动地点			
劳动任务			
内容及要求			
劳动流程			

续表

劳动体会	
劳动图片	

任务五

农民、快递员、教师、医护人员、程序员、工程师、作家、科学家……在我们身边，有很多这样的劳动者，他们凭着一份坚持，靠着不懈的奋斗，过上了幸福充实的生活。请以小组（4~6人）为单位，寻找身边至少三个行业（应至少包括一个新兴行业）的"幸福劳动者"，采访他们的劳动故事，了解他们的劳动幸福感。采访过程和结果以 PPT 或短视频的形式呈现。

一、活动主题："幸福劳动者"采访活动

二、活动时间： _____

三、活动地点： _____

四、活动准备

1.物品准备：编制采访计划、准备采访的设施设备。

2.人员安排：成立若干采访小组，遴选组长，推选出每个小组成员。

3.组织安排：组建活动筹备小组，遴选组长和组员，根据采访活动的要求制订采访计划，落实采访主持人、摄像及现场工作负责人等。

4.实施准备：在确保安全的前提下，提前与需要采访的单位或者个人联系，在安全的环境下开展采访活动。

五、实施阶段

1.各组按照预定采访计划，做好采访前准备。

2.各组推选采访主持人，撰写主持词。

3.各组准时抵达采访场地，按照既定流程完成采访。

4.完成后期编辑制作。

六、劳动评价

劳动评价

评价维度	评价标准	自评	小组评	教师评	备注
前期准备（30分）	积极参与活动前期各项筹备				
活动参与（30分）	按照要求进行编辑、录制，参与活动认真且效果好				
小组协作（30分）	组内配合默契，服从工作安排，高效完成自身承担的任务				
整体效果（10分）	主动积极，精彩呈现				

备注：担任组长及在活动中作为前期布置的主要成员建议加10分。

任务六

制作美味佳肴是家务劳动的一部分，请以"巧手慧心——制健康与美味"为主题，走进厨房，在健康美味的制作过程中，在美味分享中，感受劳动的价值，体会劳动创造的幸福感受。

"巧手慧心——制健康与美味"

劳动任务及评价

个人姓名		班级	
家庭成员		任务时间	
菜肴主题			
劳动准备			
劳动过程			

续表

劳动图片		

劳动评价		
评价维度	任务要求、完成情况	得分
价值体认（10分）	走进厨房，通过为家人制作美味佳肴，锻炼动手能力，在劳动中分享爱、传递爱，感受劳动的价值	
创新设计（10分）	学习中华传统美食制作，掌握美食制作方法流程，习得相应技能，创新设计菜肴，并描绘创新背后的寓意	
实践过程（50分）	自主备料；熟练掌握各类厨具的使用；用视频形式记录制作过程，讲解自己制作菜肴的创新之处；正确处理厨余垃圾	
实施成果（20分）	请家人从色香味的角度进行评价	
反思改进（10分）	反思菜品在菜肴制作上的改进之处	
我的收获和感悟：		

榜样引领

请同学们扫描二维码，阅读本专题的榜样案例。

品质篇：培育品质
铸就劳动之星

专题三

课前自测

请同学们扫描二维码，完成课前自我检测。

躬身实践

任务一

依据生活中诚实劳动的现实素材进行再创造，用色彩和线条描绘诚实劳动的美丽，用生动形象的语言文字激发同学们对劳动的崇尚和赞美之情。以小组为单位，开展"手绘诚信"专题活动。

一、活动主题："手绘诚信"绘本制作

二、活动时间： _____

三、活动地点： _____

四、活动准备

（一）物品准备

纸张、展板、画笔等。

（二）发言准备

讲解绘本故事，发言具有真情实感，能体会到诚实守信的意义。

五、活动要求

所有同学提前做好各自相关资料的准备工作，搜集"诚实守信"的故事素材，通过文字、图片编创，制作成绘本，并在班级中演示、讲解诚信故事。

六、活动实施

（一）准备阶段

根据活动要求，组建绘制小组，落实人员分工、搜集故事素材。

（二）实施阶段

1.寻找素材：故事的来源可以多样化，如自己身上发生的事情、旁边人身上发

生的事情、听说的一些人的故事、一部电视或电影里的故事等。只要留心身边的事情，就会发现素材其实非常多。搜集故事素材，并对故事加一些点评，得出自己的观点。

2.绘本制作：给故事配上精美的图片。

3.演示讲解：在班级中分享故事绘本，用PPT或表演等形式，在班级中展示诚信故事。

4.组建校内评审团对作品打分，上传作品至网络平台进行网络投票，两项评价结果汇总，最终统计出优秀作品，优秀作品获得证书及奖品。

（三）拓展阶段

发现身边的"诚实劳动者"，为他们制作一份小礼物或送上赞美的语句，为他们的诚信行为点赞。

七、活动评价

"手绘诚信"绘本制作

活动评价

姓名		劳动日期	
劳动地点			
劳动任务			
内容及要求	活动内容：		
	作品要求： 1.绘本故事主题突出、内容完整，选材恰当、组材合理，人物丰满、情感真挚 2.故事内容彰显诚实守信的内涵，能体现专业特色或职业理想，能展现中职学生风采		
内容及要求	学生自评：		

续表

劳动流程	
劳动体会	
劳动图片	

<table>
<tr><td colspan="4" align="center">评价细则</td></tr>
<tr><td>项目</td><td>优秀（10分）</td><td>良好（8分）</td><td>合格（6分）</td></tr>
<tr><td>按时提交劳动作品</td><td></td><td></td><td></td></tr>
<tr><td>听从指挥、部署</td><td></td><td></td><td></td></tr>
<tr><td>团队合作融洽</td><td></td><td></td><td></td></tr>
<tr><td>劳动态度端正</td><td></td><td></td><td></td></tr>
<tr><td>劳动过程认真仔细</td><td></td><td></td><td></td></tr>
<tr><td>能创新</td><td></td><td></td><td></td></tr>
<tr><td>能追求一流</td><td></td><td></td><td></td></tr>
<tr><td>能吃苦耐劳</td><td></td><td></td><td></td></tr>
<tr><td>合计</td><td colspan="3"></td></tr>
<tr><td>劳动时长</td><td></td><td>证明人</td><td></td></tr>
</table>

任务二

根据所属专业要求及个人特长或兴趣爱好，选定一个行业或附近的某个市场，开展"做诚实的劳动者"调研宣传活动。

"做诚实的劳动者"调研宣传活动评价

个人姓名		班级	
团队成员		任务时间	
劳动主题			
劳动准备			
劳动过程			
劳动图片			
劳动评价			
评价维度	任务要求、完成情况		得分
分析任务（15分）	依据任务内容，分析任务，确定要完成的劳动内容，列出行动计划		
调研质量（15分）	分工协作，调研产品或服务质量，了解市场主体诚实劳动的业态		
诚实劳动（30分）	如实搜集整理信息，列举违反诚实劳动的事例，撰写调查报告		

续表

评价维度	任务要求、完成情况	得分
沟通选材（20分）	与市场主体沟通协调，选择诚信故事绘本、宣传画、标语等宣传材料	
反馈宣传（20分）	走进市场，开展诚实劳动宣传活动	
我的收获和感悟：		

任务三

父母工作不易，忙里忙外，请同学们根据实际情况，开展"我跟父母换一天岗"的职业劳动体验，或到单位体验父母工作，或在家帮父母做家务，感受劳动的甘苦。

一、活动主题："我跟父母换岗"职业劳动体验

二、活动要求

各班进行本班同学父母职业、岗位情况的调查统计，了解他们在各自工作岗位上需要完成的劳动项目，并结合每个同学的职业目标，自愿组成活动小组，体验不同劳动者在工作岗位上辛勤劳动的一天。

三、活动时间： _____

四、活动地点： _____

五、活动准备

1. 设计并印发体验之旅活动方案；

2. 召开"劳动体验之旅"任务布置会；

3. 各班进行本班同学父母职业的调查统计，自愿组成体验活动小组；

4. 家长填写劳动体验活动知情同意书。

六、活动实施

以劳动体验小组为单位，前往体验单位进行为期一天的实践活动，小组协作完成以下任务：

1. 全程跟随劳动体验单位的一个人，记录工作内容和典型工作事件。建议小组每位成员分别跟随不同的人做记录。

2．进行亲身劳动体验。在体验单位同意的情况下，完成力所能及的任务，在实践体验中对该职业进行深入探索，对自身未来职业发展进行思考。

3．以小组为单位完成见习或体验任务后，每人撰写一份不少于 500 字的总结。

4．体验日当天，对劳动体验单位的一个工作者进行访谈，以小组为单位完成访谈记录，回来后整理成电子版访谈记录。

每组安排一人负责拍摄小组进行劳动体验时的照片，并选择其中清晰的 2~5 张（照片中有一张需是小组全体成员在体验单位的合影），整理成图片加文字说明并形成电子版记录。

七、成果展示

1．以班会形式召开劳动体验之旅分享会。

2．对学生劳动体验的优秀成果以展板形式在全校展出。

八、活动评价

"我跟父母换岗"职业劳动体验活动评价

姓名		劳动日期	
劳动地点			
劳动任务			
内容及要求			
劳动流程			
劳动体会			

劳动图片			
	评价细则		
项目	**优秀（10分）**	**良好（8分）**	**合格（6分）**
按时出勤到岗			
听从指挥、部署			
团结同伴			
劳动态度端正			
服务礼仪规范			
乐观的工作心态			
工作积极有担当			
工作认真仔细			
能吃苦耐劳			
服务热忱、真诚			
合计			
劳动时长		证明人	

任务四

当今人工智能（AI）技术飞速发展，人类社会正在发生深刻而本质的改变。人工智能已经嵌入人类生活，给类生活和社会结构带来巨大的影响和冲击。随着"工业4.0"热潮及"中国制造2025"的实施，2020年3月，人社部等联合发布了16个新职业，都集中在新兴产业和现代服务业两个领域。请结合你家乡及所在地的情况，开展劳动实践新形态、新方式体验调研。

新时代劳动实践新形态、新方式调研

个人姓名		班级	
团队成员		任务时间	
阶段任务内容	**任务要求、完成情况**	**得分**	
任务准备情况（10分）	前期知识准备：专业知识、行业发展、产业前沿信息等相关知识的总结，进行企业调研		
任务计划完成情况（10分）	计划科学合理，描述简洁清晰，时间安排合理，可实施性强		
企业情况（20分）	参观企业的基本信息、类型，所在行业、产品特点、生产服务流程等		
岗位分析（10分）	企业生产流程和工艺过程，新形态岗位职责、要求		
体验过程（30分）	参观流程、内容等基本信息		
其他（20分）	对新形态和新方式劳动实践岗位的理解和认识，对岗位工作的分析、未来的职业规划等		
我的收获和感悟：			

任务五

创意劳动是一个古老而又新鲜的劳动方式。它之所以古老是因为自石器时代起，当人类通过创造性劳动改造天然工具并且逐步过渡到创造劳动工具时，抽象意义上的创意劳动就开始出现在人类社会之中。如何让快递盒变废为宝？大家一起来动手，让它成为储物收纳的好帮手。

一、活动主题："变废为宝 回收利用"主题活动

二、活动时间：_____

三、活动地点：_____

四、活动准备

以小组为单位，收集废弃的快递盒或其他废旧纸箱、热胶枪（如果没有可用胶

布代替）、胶棒、剪刀、尺子、笔、包装纸等，明确小组成员分工安排，共同制作完成收纳盒。

五、活动实施

1. 将准备好的快递盒，用剪刀裁成五块长方形硬纸板，纸板尺寸参考图①。

2. 参考图②，用热胶枪在纸板边缘涂抹溶胶，将纸板进行组装，若没有热胶枪也可用胶布进行组装。

3. 参考图③，拿出准备好的包装纸，按照盒子的尺寸大小，剪下相应的包装纸，用胶棒在纸盒表面涂抹均匀，将裁剪好的包装纸贴在组装好的纸盒上。

4. 为使包装纸与纸盒完全贴合，达到完美的装饰效果，可用剪刀将包装纸位于纸盒四角边缘的部分剪一个小口，这样一个收纳盒就装饰好了。

5. 参考图④、⑤、⑥，裁剪出七块小的硬纸板，作为收纳盒的隔挡板，并用包装纸对隔挡板外缘进行装饰，在隔挡板边缘涂抹上热熔胶，将其放入收纳盒中。

6. 收纳盒制作完成，同学们可以用它收纳自己的学习用品啦！

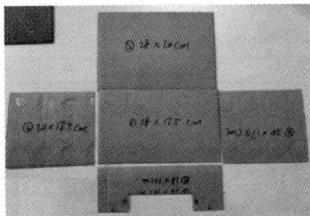

①按照尺寸裁剪5块纸板

②用透明胶粘成型，再在外面整体贴上贴纸加固

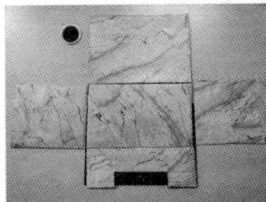

③分别贴上贴纸，两面包好

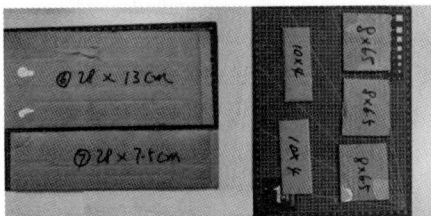

④按尺寸剪下7块小纸板

⑤分别贴上贴纸

⑥用胶水粘好

制作完成的收纳盒

六、成果展示

将制作好的收纳盒在班级中进行展示，并评选出优秀作品。

七、活动评价

"变废为宝　回收利用"主题

活 动 评 价

姓名		劳动日期	
劳动地点			
劳动任务			
内容及要求			
劳动流程			
劳动体会			
劳动图片			

续表

评价细则			
项目	**优秀（10分）**	**良好（8分）**	**合格（6分）**
按时提交劳动作品			
听从指挥、部署			
团队合作融洽			
劳动态度端正			
劳动过程认真仔细			
能创新			
能追求一流			
能吃苦耐劳			
合计			
劳动时长		证明人	

任务六

根据你所在的专业或个人兴趣特长，选择相关行业中 1~2 个服务岗位参与体验。

个人姓名		班级	
团队成员		任务时间	
任务主题	_____行业_____岗位服务参与体验		
阶段任务内容	**任务要求、完成情况**		**得分**
任务准备情况（10）	前期知识准备：专业知识、行业发展、岗位基本要求等相关知识的梳理总结、调研等		

续表

阶段任务内容	任务要求、完成情况	得分
任务计划完成情况（10）	制订体验计划，计划科学合理，描述简洁清晰，符合岗位流程，时间安排合理，可实施性强	
企业或岗位情况（20）	了解所在企业的基本情况、产品特点及生产或服务流程、岗位配置	
岗位分析（10分）	岗位职责、岗位服务要求	
体验过程（50）	体验流程、内容，安全守则，企业管理规定、员工要求等	
其他（加分项，由体验单位评价）	企业对体验者参与活动的评价	

我的收获和感悟：

榜样引领

请同学们扫描二维码，阅读本专题的榜样案例。

精神篇：弘扬精神 激发劳动之力

专题四

请同学们扫描二维码，完成课前自我检测。

躬身实践

任务一

为认真体悟新时代背景下劳模精神的意义与价值，树立"向上向善"的学生好榜样，引领大家见贤思齐、创新奋斗，在学习、生活中争当先进，结合班级具体情况，开展主题为"创新·成长·奋斗"的青年劳模奋斗故事分享活动。希望能在活动中巩固对劳模精神内涵的认知，加深体悟，在实践中弘扬劳模精神。

一、活动主题："劳模故事我来讲"

二、活动时间： _____

三、活动地点： _____

四、活动准备

1. 物品准备：场地布置、背景音乐及服装或道具等。

2. 文案准备：紧密围绕"劳模精神"主题，查找资料、筛选素材，编写一篇劳模故事分享稿。

3. 人员安排：将全班同学分成若干小组，并创建一个会务组，会务组成员分别担任主持人、摄影员、记分员等。各小组组长负责组织小组内劳模故事的分享活动，并推荐2~3名同学作为小组代表在班级分享活动中展示；小组长组织组内成员协助小组代表完善故事分享稿、进行模拟练习，完成PPT、背景音乐及其他准备工作。

五、活动实施

1. 在主持人的主持下开展活动。

2. 根据评价标准，以个人自评、学生互评、教师评价等形式，分别对各小组代表的表现进行评价，计算得分并评定各小组的成绩等级。

3. 活动结束，整理场地。

六、成果展示

根据活动评价的成绩，得分高的小组以本组为单位，录制劳模精神故事分享视频，编写劳模故事分享电子小报，供全体同学学习。

七、活动评价

"劳模故事我来讲"故事分享

活动评价

组别：		选手：			评价人：		
评价类别	**评价标准**			**分值**			**备注**
				自评	小组评	教师评	
故事内容（40分）	主题突出、内容完整、条理清晰、层次分明、逻辑性强	10分					
	选材恰当、组材合理，非完全照搬新闻稿，人物丰满、情感真挚	10分					
	故事内容能彰显劳模精神内涵	10分					
故事内容（40分）	能体现专业特色或职业理想，能展现中职生风采	10分					
故事表达（30分）	表达清晰、讲述流畅、普通话标准、语气语调恰当、感情饱满、有感染力	20分					
	仪容仪表整洁，PPT、背景音乐等与内容呼应	10分					

续表

评价类别	评价标准		分值			备注
			自评	小组评	教师评	
小组协作（20分）	小组内配合默契，主动提出意见或建议，服从工作安排，高效完成自身承担的任务	20分				
整体效果（10分）	劳模故事讲述呈现的整体效果较好	10分				
注：时长 3~5 分钟，每多或少 30 秒扣五分，依次叠加						
总分						

任务二

纸上得来终觉浅，绝知此事要躬行。劳模精神和工匠精神的体悟需要在劳动实践活动中加深。结合专业情况及个人兴趣爱好，利用学校专业实训基地开展一次完整的专业技能训练。

"专业对岗"劳动任务单及评价

姓名		劳动日期	
劳动地点			
劳动任务			
内容及要求			
劳动流程			

续表

劳动体会	
劳动图片	

评价细则			
项目	优秀（10分）	良好（8分）	合格（6分）
按时出勤到岗			
听从指挥、部署			
劳动态度端正			
团队合作融洽			
劳动时能认真负责			
能追求一流			
能吃苦、敢奋斗			
能创新			
整体评价			
合计			
劳动时长		证明人	

任务三

成都，全球唯一能够遥望 5 000 米以上雪山的千万级人口城市。龙泉山城市森林公园，是这座城未来的世界级城市"绿心"；大熊猫国家公园成都片区，是成都的生态"绿肺"；16 930 公里长的天府绿道体系，是纵横交错的城市生态"绿脉"。作为成都人，我们有义务守护好美丽的家园。

一、活动主题："我是公园城市守护者"主题志愿者活动

二、活动时间： _____

三、活动地点： _____

四、活动准备

（一）物品准备

口罩、志愿者服务马甲／袖章、卫生清扫工具、垃圾袋、拾物夹（火钳）、一次性手套等。

（二）人员准备

1. 班级集体组织志愿者服务：由专人与社区工作人员进行对接，并对班内学生进行分组。

2. 学生个人参与志愿者服务：学生自行前往服务点工作。

（三）其他准备

1. 口罩防护。能正确佩戴口罩；佩戴过程中如果出现口罩变湿、破损或被污染，明显呼吸受阻等情况，立即更换。

2. 手部防护。能正确穿戴工作手套；能正确使用拾物夹。

五、活动实施

（一）服务时间

利用周末、节假日、寒暑假等课余时间，或者由学校对接当地社区后，开展统一志愿者服务。

（二）服务区域

学生所居住社区或学校所在社区。

（三）服务内容

1. 为所在社区周边区域进行公区保洁、捡拾垃圾、美化环境。

2. 为所在社区提供"美化家园代岗一小时"志愿服务，辅助社区工作人员开展美化工作。

3. 开展"共建公园城市"专项宣传。

六、成果展示

将志愿者服务现场情况拍照录像制成活动视频，形成网络宣传推文。

七、劳动评价

活动任务单及评价

姓名		劳动日期	
活动地点			
活动任务			
内容及要求			
活动流程			
活动体会			
活动图片			

续表

评价细则			
项目	优秀（10分）	良好（8分）	合格（6分）
按时出勤到岗			
听从指挥、部署			
团结同伴			
服务态度端正			
服务礼仪规范			
乐观的工作心态			
工作积极有担当			
工作认真仔细			
能吃苦耐劳			
服务热忱、真诚			
合计			
服务时长		证明人	

任务四

使用常见的木工工具和电工工具，进行"家居维修"的主题劳动。

劳动评价

个人姓名		班级	
团队成员		任务时间	
劳动主题			

续表

劳动准备	
劳动过程	
劳动图片	

劳动评价		
评价维度	任务要求、完成情况	得分
分析任务（15分）	依据任务内容，分析任务，确定要完成的劳动内容，列出行动计划	
寻找维修物品（15分）	发现学校或家庭中需要维修的物品	
掌握技能（20分）	学习并掌握相关维修知识、技巧	
实践协作（30分）	分工协作或独立完成，使用工具维修物品，变废为宝	
展示分享（20分）	记录物品维修前、维修后的状态，和同学分享劳动感悟、传授物品维修技巧	
我的收获和感悟：		

任务五

工匠精神是一种职业理念，更是一种人生态度和追求，是职业学校学生成长成才的思想根基。为了弘扬工匠精神、增强学生的爱国情感、陶冶学生的爱国情操、丰富校园文化生活，在全校范围内开展"大国工匠进校园"主题活动。

一、实践主题："大国工匠进校园"宣讲活动

二、活动时间：_____

三、活动地点：_____

四、活动准备与实施

1. 邀请大国工匠，讲述其工作实践和奋斗历程，诠释工匠精神的内涵，教育学生深刻理解工匠精神，树立正确的价值观和职业观。围绕此次讲座总结心得体会。

2. 开展工匠精神大讨论，逐步形成严谨治学、精益求精的学习氛围，使工匠精神成为学校校园文化的重要组成部分。

3. 制作主题班会活动小报。

4. 通过丰富多彩、形式多样的学生社团汇报演出，诠释对工匠精神的理解，激发专业热忱。

五、活动评价

"大国工匠进校园"活动评价

评价维度	评价标准	自评	校内评审团评	网络平台评	备注
心得体会（30分）	认真聆听讲座并积极思考；认真撰写心得体会，不少于400字				
主题班会小报（30分）	原创小报；整体效果佳；体现对工匠精神的思考				
社团汇报（30分）	积极参与社团会演；能体现热爱专业、钻研专业的热情；社团成员配合默契				
整体效果（10分）	整体在活动中表现得主动积极，助力活动的精彩呈现				

续表

评价维度	评价标准	自评	校内评审团评	网络平台评	备注
我的收获和感悟：					

任务六

每一项技艺都有匠心的传承，用作品展现技艺特色、体现工匠精神，以"创意串珠"为活动主题。

"创意串珠"活动

个人姓名		班级	
团队成员		任务时间	
劳动主题			
劳动准备			
劳动过程			
劳动图片			

续表

劳动评价		
评价维度	任务要求、完成情况	得分
活动准备（10分）	通过串珠可锻炼自身的动手能力，培养自身细心和耐心、观察能力和空间分析能力，激发劳动创新意识。提前根据自己的喜好，准备好串珠所需的工具和材料，收集各种串珠造型图片	
创新设计（20分）	了解中国传统艺术，根据购买的珠子的颜色、大小、形状，将串珠、生活、节日等密切联系，设计出造型别致、结构合理的作品创意图	
实践过程（50分）	了解所购买的串珠材料及工具，自主学习串珠的编织手法，如基础的串珠针法、增减珠子的串法及接线收尾的方法，按照创意图的设计思路，学会看图纸进行串珠。熟练掌握串珠过程中配件的组合方法，动手编织创意串珠，在编织过程中注意体会编织的技巧、耐心、细致，将各种知识与编织搭配有机结合，感悟劳动创造美好生活，高质量完成串珠作品	
成果展示（20分）	作品完成后，作为艺术品进行展示或作为生活用品进行应用；作为礼物赠送给自己的家人、老师和同学；作为手工作品进行校园义卖。提升合作、沟通能力，促进自身正确劳动价值观、人生观形成	
我的收获和感悟：		

榜样引领

请同学们扫描二维码，阅读本专题的榜样案例。

能力篇：锻炼能力 掌握劳动之技

专题五

请同学们扫描二维码，完成课前自我检测。

躬身实践

任务一

"房室清，墙壁净。几案洁，笔砚正。置冠服，有定位。勿乱顿，致污秽。"窗明几净是美好家居生活的源泉，有序生活是有序品格的基础。请以"有序劳动 有序品格"为主题，结合自身具体情况，开展家庭、寝室或课桌的收纳整理有序劳动。

一、活动主题："有序劳动 有序品格"主题劳动

二、活动时间： _____

三、活动地点： _____

四、劳动准备

1. 收集整理收纳的方法及技巧资料。

2. 自行准备整理寝室或者个人家庭等空间需要的收纳工具。

3. 准备拍摄照片或者视频的设备。

五、劳动实施

1. 根据自主学习的收纳整理技巧，制作小报。

2. 整理学校寝室或家里房间等空间。

3. 整理前后拍照或者拍成视频。

六、成果展示

1. 展示整理前后成果对比图或视频。

2. 分享个人收纳整理的技巧、心得。

七、劳动评价

劳动评价

评价维度	评价标准	自评	小组评	教师评	备注
前期准备（30分）	做好材料收集等各项筹备				
小报展示（30分）	原创小报；整体效果佳；展示收纳的技巧与方法				
个人汇报（30分）	收纳前后图片展示，分享物品收纳整理前后的心理感受；语言流畅，表达得体				
整体效果（10分）	活动中主动积极，协作劳动				

备注：担任组长及在活动中作为前期布置的主要成员加 10 分。

任务二

"魅力校园环保行动"劳动任务单及评价

姓名		劳动日期	
劳动地点			
劳动任务			
内容及要求			

续表

劳动流程	
劳动体会	
劳动图片	

评价细则			
项目	优秀（10 分）	良好（8 分）	合格（6 分）
按时出勤到岗			
听从指挥、部署			
劳动态度端正			
团队合作融洽			
劳动时能认真负责			
能追求一流			
能吃苦、敢奋斗			
能创新			
整体评价			
合计			
劳动时长		证明人	

任务三

学生寝室是反映学生精神境界和校风校貌的重要窗口，整洁的寝室环境、文明温馨的寝室氛围、独特的寝室文化，对自身成长助益颇多。以寝室为单位，自主设定主题、设计方案，寝室成员共同参与，以改善寝室面貌、提升寝室的文化格调、彰显寝室的独特文化。要求用图片或短视频的形式记录过程。

一、活动主题："我的寝室，我的家"活动

二、活动时间：＿＿＿＿＿＿＿＿＿＿＿＿＿＿＿＿＿＿

三、活动地点：＿＿＿＿＿＿＿＿＿＿＿＿＿＿＿＿＿＿

四、劳动实施

劳动实施

美化主题	
设计思路	
人员分工	
心得体会	

五、劳动评价

劳动评价

评价指标	分值	自评得分	教师评分	组长评分
劳动任务达标	20			
劳动态度端正	10			
劳动态度积极	10			
自主劳动诚实	20			
合作性劳动	20			

续表

评价指标	分值	自评得分	教师评分	组长评分
创新性劳动	10			
劳动效果	10			

任务四

旅行不仅可以开阔眼界、增长见识，还可以领略独特的人文景观，了解奇特的民俗文化。旅行不仅可以放松身心，还可以锤炼意志。征服一座山，跨过一条河，学会一项新技能，都可以使自己变得更加勇敢。请设计一个"出游计划"，或独行，或与家人，或与朋友。

"出游计划"活动

个人姓名		班级	
出行成员			
人员分工			
阶段任务内容	**任务要求、完成情况**		**得分**
确定出行框架（10分）	收集相关信息，拟订出游计划，包括目的地、时间和预算		
优化行程安排（20分）	积极讨论"出游"的具体交通方式；选择投宿类型（酒店、宾馆、民宿、客栈、青旅），确定住宿等级，提前确定空房余量。学生合作分工，动手动脑、共同完成		
细化行程安排（40分）	预订往返车票或机票，计算好从机场或车站到住宿酒店的时间，注重时间观念，预订酒店，确认入住时间、退房时间；做好活动项目安排，将活动项目和日期对应起来，预订好门票，计算好交通时间，自驾或租车。学生共同合作，解决制定过程中发生的问题		

续表

阶段任务内容	任务要求、完成情况	得分
出行前准备（20分）	依据出游计划，准备证件、洗漱用品、衣服、应急物品、急救包等	
完善详细计划（10分）	制作出游详细计划	
我的收获和感悟：		

任务五

在拐棍上加一个小小的手电筒，就解决了老人夜间探路的问题；在瓶口安上一个倾斜的管口，倒油的时候就不会洒出来了；一双旧拖鞋，剪开鞋袢，缝上尼龙搭扣，就做成了进屋不用脱鞋即可直接塞入的"好客鞋"……生活中的创新发明无处不在，我们也可以设计和发明一款简单又实用的生活小用品。

一、活动主题：创客，创造生活乐趣

二、活动时间：＿＿＿＿＿＿＿＿＿＿＿＿＿

三、活动地点：＿＿＿＿＿＿＿＿＿＿＿＿＿

四、劳动实施：

1.分小组课前讨论，合作完成一款小发明并填写《任务单》。

2.各小组代表展示作品，进行解说。

3.教师对各小组的小发明进行评价和建议。

4.学生根据教师建议填写《任务单》。

学生投票产生最受欢迎的小发明。

附件：任务单

任务单

创新小发明名称	

续表

用途	
创新点	
反思后的改进	

任务六

水果能给人补充许多微量元素。为了培养学生的动手操作能力，使学生合理地、科学地食用水果，提高对艺术的欣赏能力和创造能力，请结合当地当季水果，开展水果拼盘制作活动。

一、劳动主题："奥斯本检核表"创意实践活动

二、活动时间： _____

三、活动地点： _____

四、劳动实施

1. 物品准备：新鲜水果、刀、盘。

2. 充分发挥想象制作水果拼盘。

3. 教师或专家对各小组的小发明进行评价和建议。

4. 学生投票产生最受欢迎的水果拼盘。

五、过程及评价

"创意果盘"过程记录及评分

我的水果拼盘名称	
拼盘介绍	

续表

评价项目	评分标准		得分
作品名称	新颖独特，贴合作品整体造型	10分	
整体创意	结合水果形状、颜色、结构等特点进行大胆新颖的构思，把不同水果艺术地组合为一个美观的整体	15分	
营养结构	合理搭配多色水果，均衡营养价值	20分	
作品造型	色彩搭配丰富协调，造型美观，构图好，富有寓意	20分	
卫生	水果清洗干净，洗净双手并在制作时佩戴一次性手套	15分	
创作技能	根据水果选用合适的刀具进行刀工改制，结合水果形状、结构进行创作	20分	

榜样引领

请同学们扫描二维码，阅读本专题的榜样案例。

安全篇：守护安全 筑牢劳动之盾

专题六

课前自测

请同学们扫描二维码，完成课前自我检测。

躬身实践

任务一

实习实训是适应社会发展需要和培养技工人才需求的一个不可或缺的项目。实训中存在的许多不安全因素都写进了相关规章制度的安全条文中。大量事实表明，违章不但制约操作，而且还能危及安全。以小组为单位，完成"实习安全，遵章守规"的调研活动，深入理解"安全无小事"，并做到"我的安全我负责，别人的安全我有责"。

一、活动主题："实习安全，遵章守规"调研活动

二、主题要求

根据所学专业，制作"实习安全隐患调查问卷"，对企业进行调查，了解存在的安全隐患，加强安全防护意识。根据调查问卷撰写调查报告，并进行分享交流。

三、活动目的

1. 通过企业调查，加强对企业顶岗实习的认知。

2. 了解实习安全及实习注意事项。

四、活动实施

1. 设计调查问卷。

2. 撰写调查报告。

3. 主题分享活动。

4. 学生互评，教师总结。

五、成果展示

现场各小组分享调查问卷情况。

六、劳动评价

劳动评价

评价维度	评价标准	自评	组长评	教师评	备注
前期准备（20分）	问卷设置科学合理，符合主题				
活动参与（30分）	组内分工明确，能够做到人人有事做，事事有人做，且活动效果较好				
小组协作（20分）	活动过程中小组内配合默契，个人服从组织安排，能够高效完成自身承担的任务				
调研报告（15分）	调研报告撰写得是否规范				
分享效果（15分）	分享时思路清晰、语言流畅，肢体动作大方				

注：分享的同学建议酌情加 5~10 分。

任务二

火灾是最经常、最普遍的威胁公众安全和社会发展的主要灾害之一。火灾容易造成人员伤亡或财物的直接损失。为帮助了解消防安全常识，请根据班级具体情况，开展"火灾逃生我知道"主题分享活动。

"火灾逃生我知道"分享活动

个人姓名		班级	
团队成员		任务时间	

续表

任务主题		
阶段任务内容	任务要求、完成情况	得分
理论知识学习（30）	网络上学习关于火灾的逃生办法	
内容分享（30）	各组将所收集的理论知识进行分享，要求内容详细、流畅清晰	
制作手抄报（30）	各小组以消防安全为主题制作手抄报	
总结报告（10 分）	个人完成本次活动总结	

我的收获和感悟：

任务三

一、活动主题：急救常识我分享

二、活动准备

1. 物品准备：道具、物品、PPT。

2. 活动分组：分别选择"火灾""触电""地震""心肺复苏""创伤处理""烫伤""扭伤""异物卡喉"等主题进行应急处置的分享。

三、主题要求

以小组为单位，自行收集急救小常识相关资料，并撰写分享报告，每组推荐一名小组长进行分享。内容契合主题、知识清晰、动作到位、表达准确；使用普通话，限时 5~7 分钟。

四、活动目的

1.通过急救常识主题的分享，提升学生对事故应急处理的认识。

2.通过活动提高学生对突发事件的应变能力。

3.通过活动鼓励学生大胆发言，培养学生的语言表达能力，提高学生思维的敏捷性。

五、活动实施

1.准备阶段。

（1）组建小组，推选组长。

（2）分工合作，收集资料。

（3）撰写分享PPT。

2.实施阶段。

（1）组长对组内所收集的资料进行分享。

（2）学生互评。

（3）教师点评。

六、成果展示

现场各小组分享。学生互评，教师总结。

七、劳动评价

劳动评价

评价维度	评价标准	自评	组长评	教师评	备注
前期准备（20分）	急救小常识资料准备充分，紧扣主题				
活动参与（30分）	组内分工明确，2~3人进行资料收集，1人撰写报告，组长进行分享				
小组协作（20分）	活动过程中小组内配合默契，个人服从组织安排，能够高效完成自身承担的任务				
报告（15分）	报告撰写得是否规范				
分享效果（15分）	分享时思路清晰、语言流畅，肢体动作大方				

任务四

家庭日常生活中，灯具是必不可少的日常用品。更换电灯时，要合理、安全地进行操作。

"我是巧手"安全换灯具

劳动实践评价

个人姓名		班级	
指导人员		任务时间	
任务主题			

阶段任务内容	任务要求、完成情况	得分
价值体认（10）	了解安全色的种类、基本的电路知识（左零右火、三相五线制等）	
责任担当（10）	掌握合理用电的安全技巧及方法，通过这些技巧与方法安全地进行灯具更换	
实践探究过程（50）	向身边的电工或者家人了解基本电路知识，明确电器统一标志、不同灯具的不同拆卸及更换办法、对漏电、触电的紧急应对，掌握必备的急救知识	
创意物化成果（20分）	在家人协助下，在确保绝对安全的情况下，尝试拆卸和安装家里的吸顶灯	
实践心得（10）	记录安全用电基本知识和实践心得	

我的收获和感悟：

任务五

新时代职业健康工作要从以"治病"为中心转变到以"防治"为中心，不仅要关注"蓝领"职工，也要关注"白领"职工；不仅要关注尘肺病、职业中毒等传统的职业病，也要关注压力和心理疾病防治。请以小组为单位，完成"职业之殇——职业病危害及防治"小报制作，内容以本专业或本行业职业病危害及防治为主，能体现行业职业病特点。

一、活动主题："职业之殇——职业病危害及防治"小报制作

二、活动准备

1. 物品准备：水彩笔、统一用四开美术白纸、调查问卷。

2. 资料准备：查阅行业职业病种类、特点、形成因素、防治方法等文字资料，形成调查问卷，分析调查问卷，形成调查报告。

3. 人员安排：根据手抄报比赛的要求策划具体的活动方案、场地布置、评委邀请、评分材料准备、奖品等工作。成立若干参赛小组，各组遴选组长（1名）、拍摄员（1名）、资料搜集员（2名）、手抄报制作员（2名）。资料搜集员进行一些职业病调查（问题由各小组自行设计），并把调查的结果进行分析，写成调查报告；拍摄员利用课余时间，观察与本专业相关的行业人员，将他们的职业病或职业习惯行为拍摄下来，并在图片上写下自己的感想；制作员根据小组成员的调查报告、照片及感受完成手抄报制作。

三、活动要求

1. 每份手抄报上下页边距2厘米，左右页边距1.5厘米，标题制作醒目、大方，版面布局合理、用色协调，知识性和观赏性有机统一。

2. 版面制作均使用手抄文字和手绘插图，内容与本组调查报告相关，贴上拍摄照片；手抄报主题自拟，例如"为爱，我不能倒下""一切为了劳动者健康"等。

3. 手抄报内容有各组特色，不得网络抄袭。

4. 每份作品背面注明组别、制作成员姓名、分工情况以及每个人的工作完成情况。

四、活动实施

1. 对所有的信息进行整合，办一张职业病危害及防治手抄报（照片和调查报告要用上）。

2. 作品进行展览，各小组讲解立意思路、调研问题、调研过程及结论。

3. 活动结束，整理场地。

五、活动评价

致敬普通劳动者活动评价

评价维度	评价标准	自评	小组评	教师评	备注
调查问卷及调查报告（30分）	问卷内容丰富、问题明确；充分调研后形成规范调研报告				
照片拍摄及体会（20分）	拍摄照片清晰，与主题关联密切且体会真实				
活动参与（20分）	积极按照要求进行调查、拍摄、制作，活动参与认真且效果好				
小组协作（10分）	组内配合默契，服从工作安排，高效完成个人任务				
整体效果（20分）	版面符合要求，用色协调、主题新颖，制作有新意和美感				

任务六

金黄的落日，巍巍的雪山……大自然美得令人沉醉，人人都想用相机把它记录下来，摄影是一门技术，如何在大自然光线变化中记录美好的瞬间，在安全的前提下留下精彩画面，也需要我们动手实践。

"记录自然之美"活动评价

个人姓名		班级	
团队成员		任务时间	
任务目的	增加户外安全摄影的知识，掌握摄影时光线的使用及照片构图等摄影技巧		
任务地点			

续表

阶段任务内容	任务要求、完成情况	得分
任务准备（10分）	提前留意户外的天气情况，整理好适合户外活动的衣物，携带好摄影的相机或手机，备齐急救药品等	
任务内容（30分）	制定安全性强、时间分配合理的户外摄影计划；学习对角线构图、九宫格构图等十余种摄影构图方法；学习对光线的掌握方法	
任务过程（40分）	按照计划，做好相应准备，利用相机和手机对不同的景物、人物及风景采用构图法、光线掌握等进行拍摄	
物化成果（20分）	填写劳动成果展示表，提交照片等材料	

我的收获和感悟：

榜样引领

请同学们扫描二维码，阅读本专题的榜样案例。

权益篇：保障权益 捍卫劳动之基

课前自测

请同学们扫描二维码，完成课前自我检测。

躬身实践

任务一

每位同学都会走上就业之路，成为一名光荣的劳动者。劳动者在劳动过程中依法享有法律保障的各项权益，应提前知晓并能合理运用。

一、活动主题：制作维权小卡片主题活动

二、活动准备

1. 线上或线下收集体现劳动权益的真实案例。

2. 在卡片正面展示简要案例。

3. 在卡片背面附上对应的法律条文以及所对应的校园劳动区域。

4. 搭建好学校中各个竞赛点，每个竞赛点设置一名游戏负责人。

三、活动过程

1. 抽取 10 人制作卡片，可单人或双人组合制作。

2. 到各个竞赛点完成游戏（回答卡片资料所体现的劳动者权益，回答成功后即可解锁卡片所对应的劳动区域）。

3. 游戏完成后，去对应的劳动区域进行劳动实践。

4. 在规定时间内，收集卡片最多的同学成为"劳动之星"。

5. 总结每一张卡片所对应的劳动权益，强化理论知识记忆。

四、填写活动记录表

姓名		劳动日期	
竞赛地点			
卡片任务			
内容及要求			
劳动体会			
劳动图片			

评价细则			
项目	优秀（10分）	良好（8分）	合格（6分）
按时出勤到岗			
听从指挥、部署			
团结同伴			
游戏得分			
工作积极有担当			
工作认真仔细			
能吃苦耐劳			

续表

评价细则			
项目	优秀（10分）	良好（8分）	合格（6分）
服务热忱、真诚			
合计			

任务二

"我是社区低碳清洁员"活动

个人姓名		班级	
团队成员		任务时间	
劳动主题			
劳动准备			
劳动过程			
劳动图片			

劳动评价		
评价维度	任务要求、完成情况	得分
价值体认（10分）	学习低碳环保及垃圾分类知识；通过参与社区清洁服务，开展低碳环保宣传，收获劳动的快乐，建立对劳动的信心，培养劳动最光荣的思想和热爱劳动的品质	

续表

劳动评价		
评价维度	任务要求、完成情况	得分
活动计划（10分）	提前与所在社区联系，确认清洁区域及具体的任务内容；根据任务提前准备好清洁工具、垃圾袋、抹布等相关工具，做好人员、区域等分工；准备好有关垃圾分类和低碳环境保护的宣传单	
实践过程（50分）	与社区负责老师交流，明确清扫的具体要求和标准；熟练掌握各种清洁工具的使用；了解垃圾分类并在实践过程中对社区居民进行宣传；积极开展清扫工作，擦拭社区公共区域文化作品，清理卫生死角等，保证清扫区域整洁	
实施成果（20分）	所负责清扫区域整洁，参与人员能熟练掌握基本的劳动技能，相互合作，发现并及时解决存在的问题，主动服务社区，低碳生活和垃圾分类环保宣传知晓率至少达到80%	
反思改进（10分）	共同发现实践中存在的不足及社区居民在低碳环保、垃圾分类中存在问题，及时提出解决的办法和后续措施	
我的收获和感悟：		

任务三

职业院校实习分为认知实习和顶岗实习。相信每一个还未参加实习的学生，都会对实习充满疑问，期待了解实习的一手信息。以小组为单位，收集实习过程中大家感兴趣的内容，并形成相应调研小报告。

一、活动主题：实习情况大调查，撰写调研小报告

二、活动准备

1. 根据班级人数的情况，形成调研小组。

2. 各小组根据自己的需要确定本次调研目的，设计调研问卷。

三、活动过程

1. 各小组主动向毕业班班主任或学校就业指导处索要本校实习生（毕业生）的信息和联系方式。

2.通过电话、微信、QQ 等多种方式与本校实习生（毕业生）联系，邀请他们填写问卷。

3.全体小组成员对收集的问卷进行整理和提炼。

4.撰写调研小报告。

5.小组间分享彼此的调研成果。

四、活动评价

活动评价

姓名		劳动日期	
劳动地点			
劳动任务			
内容及要求			
劳动流程			
劳动体会			
劳动图片			

续表

评价细则			
项目	优秀（10分）	良好（8分）	合格（6分）
按时出勤到岗			
听从指挥、部署			
团结同伴			
服务态度端正			
服务礼仪规范			
乐观的工作心态			
工作积极有担当			
工作认真仔细			
能吃苦耐劳			
服务热忱、真诚			
合计			

任务四

组织"关注职业健康，争做健康达人"社区志愿宣传活动。由学校对接当地社区后，开展统一志愿者服务。

志愿者服务

个人姓名		班级	
团队成员		任务时间	
任务目的	传播职业病防治知识，树立职业健康理念，营造全民关注职业健康氛围		
任务地点	＿＿＿＿＿＿＿服务点		

续表

阶段任务内容	任务要求、完成情况	得分
人员准备（10）	班级集体组织志愿者服务：由专人与社区工作人员进行对接，并对志愿者进行分组、分工	
任务资料准备（30）	前期知识准备：什么是职业病、职业病发病形势及特点、职业健康知识及法律要求、职业危害因素、如何预防职业病等职业健康知识 职业健康科普宣传片、纸质宣传材料、横幅、展板	
任务过程（40）	制订志愿宣讲实施计划，宣传现场布置、资料发放、现场咨询	
任务完成情况（10）	志愿者活动参与、协作情况，宣传现场人员参与、咨询、好评情况	
物化成果（10）	志愿者服务现场情况拍照录像制成活动视频，形成网络宣传推文发布在学校网站。返校后，集体讨论反思整个过程中的得与失	
其他（加分项，由社区评价）	社区对志愿者参与活动的评价	

我的收获和感悟：

任务五

在现实生活中，中职生在求职过程中由于缺乏求职经验和相关知识而掉入求职陷阱的事情时有发生。如何在求职应聘中少踩坑或不踩坑？在遇到求职陷阱时，应采取哪些做法来维护自己的合法权益？为进一步提高中职生在求职方面的自我保护能力，以小组为单位开展知识抢答比赛。

一、活动主题：避免就业"踩坑"，保护劳动权益

二、活动准备

请同学们复习本节课的相关知识，牢固掌握我国劳动者应当享有的合法权益。

三、活动要求

活动规则：

（1）把班上同学分为 6~8 个小组。

（2）认真分析不同情景，辨析劳动权益。

（3）每组准备好即可举手进行抢答，回答正确则积一分。

（4）活动中最后一名的小组要在下节课上再次为大家介绍劳动者应当享有的合法劳动权益。

【情景分析】在不久的将来，同学们都会走上职场，在求职过程中或多或少都会遇到一些职场陷阱。请根据我国劳动法律法规的规定，分析下列情景，写出用人单位分别侵犯了劳动者的哪些劳动权益。

（1）情景一：为防止劳动者随意辞职，用人单位扣押了劳动者的身份证原件。

（2）情景二：用人单位与劳动者签订的劳动合同的时间为 1 年，试用期约定为 3 个月。

（3）情景三：用人单位与劳动者约定，如果劳动者提前终止劳动合同，将向用人单位支付违约金 2 万元。

（4）情景四：用人单位与劳动者约定，用人单位每月多向劳动者支付 300 元，由劳动者自己缴纳养老保险。

情景分析

情景	对应劳动者权益	相关文件
1		《中华人民共和国劳动合同法》第九条　用人单位招用劳动者，不得扣押劳动者的居民身份证和其他证件，不得要求劳动者提供担保或者以其他名义向劳动者收取财物
2		《中华人民共和国劳动合同法》第十九条　劳动合同期限三个月以上不满一年的，试用期不得超过一个月；劳动合同期限一年以上不满三年的，试用期不得超过两个月；三年以上固定期限和无固定期限的劳动合同，试用期不得超过六个月
3		《中华人民共和国劳动合同法》第二十五条　除本法第二十二条（劳动者违反竞业限制约定的，应当按照约定向用人单位支付违约金）和第二十三条（劳动者违反服务期约定的，应当按照约定向用人单位支付违约金）规定的情形外，用人单位不得与劳动者约定由劳动者承担违约金
4		《中华人民共和国社会保险》第十条　职工应当参加基本养老保险，由用人单位和职工共同缴纳基本养老保险费

任务六

请根据学校具体情况，开展"周末普法志愿者"活动，围绕"劳动权益"开展有针对性的主题宣传、法律服务、法治文化等活动。

志愿者活动

姓名		劳动日期	
劳动地点			
劳动任务			
内容及要求			
劳动流程			
劳动体会			
劳动图片			

续表

评价细则			
项目	优秀（10分）	良好（8分）	合格（6分）
按时出勤到岗			
听从指挥、部署			
团结同伴			
服务态度端正			
服务礼仪规范			
乐观的工作心态			
工作积极有担当			
工作认真仔细			
能吃苦耐劳			
服务热忱、真诚			
合计			
服务时长		证明人	

榜样引领

请同学们扫描二维码，阅读本专题的榜样案例。

文化篇：传承文化
赓续劳动之脉

专题八

课前自测

请同学们扫描二维码，完成课前自我检测。

躬身实践

任务一

成都糖画是集民间工艺美术与美食于一体独特的传统手工技艺，主要流传于四川省成都市及周边地区。2008 年，糖塑（成都糖画）经国务院批准列入第二批国家级非物质文化遗产名录。请同学们向糖画师傅拜师学艺，跟着糖画师傅制作一个糖画作品。

一、活动主题：走进最甜蜜的非遗——制作一个糖画作品

二、活动时间： _____

三、活动地点： _____

四、活动准备

联系 1~4 名糖画技艺传承人或从业者，借助其原有的装备到校开展教学；同步联系好接送授课教师、物资的车辆；安排场地及体验学习的学生轮次。

1. 布置场地，规划区域。

2. 安排接送车辆的分工，安排场地的布置人员，了解场地要求。

3. 接洽学校活动负责人，做好迎送。

4. 提前准备足够的物资，特别是消耗型物资，做好安全预案。

五、活动过程

1. 非遗传承人入场准备。

2. 主持人致开场词，体验学生及老师分别就位。

3. 糖画展示，学生观看。

4. 学生体验糖画的制作，安全员监督用火安全。

5. 体验分享，糖画非遗人点评。

6. 主持人宣布活动结束

六、活动评价

评价维度	评价标准	自评	小组评	教师评	备注
前期准备（30分）	积极与糖画传承人联系；参与活动前期各项筹备				
活动参与（30分）	活动开展过程中积极出力、坚守岗位，参与活动的各环节认真且效果好				
小组协作（30分）	小组内配合默契，主动提出意见或建议，服从工作安排，高效完成自身承担的任务				
整体效果（10分）	整体在活动中表现得主动积极，助力活动的精彩呈现				

任务二

剪纸，又叫刻纸、窗花或剪画，是一种镂空艺术，在视觉上给人以透空的感觉和艺术享受。其载体可以是纸张、金银箔、树皮、树叶、布、皮、革等片状材料。剪纸艺术在中国农村流传极广，村民们用剪刀将纸剪成各种图案，如窗花、门笺、墙花、顶棚花、灯花等。四川剪纸是我省著名的传统手工艺品，也是我国著名的非物质文化遗产。请用彩纸制作剪纸——福。

一、劳动主题：窗花剪纸——"福"

二、工具准备：红纸、剪刀、刻刀

三、劳动流程

1. 首先将红纸从右向左对折一下，形成中折线。

2. 然后顺时针旋转九十度，让折线一侧朝下，开口侧朝上。开口两侧分别向下对折到与中折线对齐，把纸张四等分。

3. 继续将纸张上下对折后展开，形成一条水平中线，将虚线上方对折成为二等分。

4. 接着将虚线下方折叠三等分：先将最下方的三分之一向后向上折叠，再向前向上折叠到与水平中线对齐。

5. 再在三等分最左端那格的中折线侧剪出一个圆角。

6. 然后把最左端那格向后向内折叠，并在第二格以相同的方法剪一个圆角。

7. 继续将纸张完全摊开，黑色线条是前面几个步骤中形成的折线。

8.接着从右向左折叠一格，从下向后向上沿着折线折叠两格。

9.继续剪开一个圆角缺口。

10.现在向下展开一格，并用铅笔画上图形后，将图形包围的部分剪掉，纸张完全展开，可以看到福字的右侧部分已经完成了。

11.从左向右折叠一格，再用铅笔画出线条形状，再将线条包围的部分剪掉。

12.最后将纸张完全展开，剪纸福字就完成了。

四、劳动任务评价

窗花剪纸——"福"的劳动任务及评价表

姓名		劳动日期	
劳动地点			
劳动任务			
内容及要求			
劳动流程			
劳动体会			
劳动图片			

任务三

　　成都的街巷，隐藏着丰富的历史故事，找一个阳光灿烂的日子，选好一条街道或一个巷子，慢慢走走、认真看看、细细品品，你一定会为先辈们的智慧所折服。请以"街巷里的劳动智慧"为主题，收集街巷的历史故事、逸闻传说、照片视频等，合而成册，增长见识。

　　一、活动主题：街巷里的劳动智慧

　　二、活动时间： _____

　　三、活动地点： _____

　　四、活动实施

　　1. 准备阶段

　　组建活动筹备小组（或个人），选择寻访的街巷，撰写活动方案、落实人员分工、拟定安全注意事项等。

　　2. 活动过程

　　（1）收集街巷的历史，形成文字资料。

　　（2）收集街巷的照片、影像等资料。

　　（3）实地寻访，自行拍摄照片、录制视频，形成古今资料的对比。

　　（4）把所收集的资料进行整理、成册。

　　（5）宣传分享，感悟先辈们的劳动智慧。

　　五、成果展示

　　组建校内评审团对作品打分，对每组（或个人）的成果进行评价，评出优秀作品。获奖者将获得证书及奖品。

　　六、活动评价

"街巷里的劳动智慧"街巷寻访活动评价表

寻访小组（人）：　　　　　成果名称：　　　　　评价人姓名：

评价维度	评价标准	自评	小组评	教师评	备注
前期准备 （30分）	积极参与材料收集和方案撰写；参与活动前期各项筹备				
活动参与 （30分）	活动开展过程中积极出力、坚守岗位，参与活动的各环节，认真且效果好				

续表

评价维度	评价标准	自评	小组评	教师评	备注
小组协作 （30分）	小组内配合默契，主动提出意见或建议，服从工作安排，高效完成自身承担的任务				
整体效果 （10分）	整体在活动中表现主动积极，助力活动的精彩呈现				

备注：担任组长及班级领导小组成员加 10 分。

任务四

川菜是中国汉族传统的四大菜系之一、中国八大菜系之一。川菜有着本土川菜与海派川菜之分，本土川菜中，四川菜系又包括川味菜肴、面点小吃、火锅等。位于四川省成都市郫都区古城镇的成都川菜博物馆是世界上唯一以菜系文化为陈列内容的活态主题博物馆，包含了四川本土文化的重要部分：川菜、川酒、川茶、川戏、川派建筑、川式园林……景区占地约 40 亩①，藏品 6 000 余件。请以"品味川菜里的劳动滋味"为主题，收集川菜的历史故事、逸闻传说、照片视频等，并亲自烹饪一道川菜。

品味川菜里的劳动滋味

劳动任务及评价表

姓名		劳动日期	
劳动地点			
劳动任务			
内容及要求			

---

① 亩非法定计量单位，1 亩 ≈ 666.67 平方米。

劳动流程	
劳动体会	
劳动图片	

劳动评价		
评价维度	**任务要求、完成情况**	**得分**
价值体认（10分）	收集川菜的历史，形成文字资料；收集川菜的照片、影像等资料；实地参观川菜博物馆，拍摄照片，录制视频；把所收集的资料进行整理、成册	
创新设计（10分）	学习中华传统美食制作，掌握美食制作方法和流程，习得相应技能，创新设计菜肴，并描绘创新背后的寓意	
实践过程（50分	选择川菜中的一种尝试烹饪	
实施成果（20分）	请家人从色香味的角度进行评价	
反思改进（10分）	反思菜品在制作上的改进之处	

我的收获和感悟：

任务五

行走在学校美丽的长廊，就如走进时空隧道，拜读中华古老文化，历史精髓和一脉相承的现代教育，人文气息合着树木的幽香沁人心脾，让人意犹未尽。学校文化长廊不仅可为学校增添优雅景致，可潜移默化地涵养同学们的文化底蕴，更重要的是能让同学们参与体验艺术设计类劳动的艰辛与喜悦。请以"长廊里的文化"为主题，完成设计任务。

一、活动主题："长廊里的文化"主题设计

二、活动实施

1. 准备阶段

根据活动要求，组建活动筹备小组，选择文化长廊地址，撰写活动方案、落实人员分工、拟定安全注意事项等。

2. 活动过程

（1）各组按照"长廊里的文化"主题，访谈学校领导、校外专家，掌握学校对校园文化长廊的整体要求。

（2）收集各类资料，分析对比，形成本小组的设计主张。

（3）拟订学校文化长廊的设计方案，向学校领导进行阐述、解说，修改后形成最终定稿。

（4）公布学校文化长廊设计样本，制作文化长廊效果图。

（5）收集所有过程性资料，整理成册，形成成果。

三、成果展示

组建校内评审团对作品打分，对每组（或个人）的成果进行评价，评出优秀作品。获奖者将获得证书及奖品。

四、活动评价

"长廊里的文化"设计活动评价表

设计小组：　　　　　　成果名称：　　　　　　评价人姓名：

评价维度	评价标准	自评	小组评	教师评	备注
前期准备（30分）	积极参与材料收集和方案撰写；参与活动前期各项筹备				
活动参与（30分）	活动开展中积极出力，坚守岗位，参与活动的各环节，认真且效果好				

评价维度	评价标准	自评	小组评	教师评	备注
小组协作 （30分）	小组内配合默契，主动提出意见或建议，服从工作安排，高效完成自身承担的任务				
整体效果 （10分）	整体在活动中表现主动积极，助力活动的精彩呈现				

备注：担任组长及班级领导小组成员加 10 分。

任务六

　　中国是世界上最早的农业起源地之一。中国幅员辽阔，以秦岭—淮河为界，迥异的气候条件和地理环境塑造了农业起源的两种模式，形成了"南稻北粟"的饮食格局。成都平原得益于都江堰渠系所提供的稳定充沛的灌溉水源，精耕农业得到长足发展，成为全国首屈一指的稻作农业区。

　　请同学们从"带你认识我——认识稻米""我从远古走来——稻米的历史""秀秀我的才——稻米的作用""厉害了我的小伙伴——稻米种植和收割技术""我的样子与众不同——不同类型的稻米食品"等不同的方面全方位展示或解说天府稻米文化，深刻感知劳动人民的艰辛和智慧。

校园稻米文化宣传展

劳动任务及评价表

姓名		劳动日期	
劳动地点			
劳动任务			
内容及要求			

劳动流程	
劳动体会	
劳动图片	

劳动评价		
评价维度	任务要求、完成情况	得分
活动准备（20分）	班级分若干活动实施小组，各组根据活动方案，明确小组展板主题，合理分工、搜集资料、拍照摄像，撰写说明文字，每组制作本小组宣传板电子版，准备展示或体验的物品或食品	
实施过程（30分）	各组按照主题撰写宣传稿，录制宣传展示音频，培训宣传讲解员。将宣传板电子版喷绘成展板，制作不同类型的稻米小食品，布置展示场地。各小组准时抵达展示场地，做好准备，完成展示	
整体效果（50分）	现场宣传板展示、各组录制的宣传音频展示；录制展示准备花絮和现场展示集锦进行视频展示。整体设计新颖独特，宣传效果好	

我的收获和感悟：

榜样引领

请同学们扫描二维码,阅读本专题的榜样案例。

Contents
目录

观念篇：认识劳动 点亮劳动之路

　　幸福不会从天而降，美好生活靠劳动创造。劳动是一切成功的必然条件，也是培养造就栋梁之才的必由之路。树立正确的劳动观念是从事一切劳动的前提和基础。劳动观念是个人对待劳动的认知，它强调对劳动本身价值的认同，以及对劳动作为自我实现、社会发展重要途径的认可。进入新时代，人民对于美好生活的需要日益广泛，做新时代的奋斗者，需要在辛勤劳动、务实苦干中不断提升自身素质，不断增强创造和享受幸福的能力。

　　劳动的内涵和本质是什么？劳动分为哪些类型？人类劳动经历了怎样的发展与演变历程？劳动对于个人成长和社会发展有什么重要的意义与价值？学习本专题，我们将掌握劳动的内涵，了解劳动的古往今来，近距离发现劳动的魅力，深刻认识到劳动对于个人成长成才、推动社会发展的重要意义。

第1章 劳动观念 指引方向

一、劳动是什么

问启新知

劳动就是工作。

劳动就是干活。

劳动有时候是一种惩罚。

劳动的过程中可以去玩。

你觉得劳动是什么？一提到劳动你能想到什么？

（一）劳动的内涵

劳动是人类特有的、基本的社会实践活动。马克思认为，"全部人的活动迄今为止都是劳动"[①]。劳动是人类区别于其他动物的本质活动。"劳动是人和自然之间的过程，以人自身的活动来引起、调整和控制人和自然之间的物质交换的过程。"[②]人通过有目的的活动来改变自然，从而不断推动人类社会发展。在劳动之中，人是具备着意识的，人的所有劳动行为都是出自主观意愿而并非本能。

劳动让人类满足了生存所需要的资料之外，还有发展的资料，甚至也包括精神生活所需要的资料。劳动决定了人的社会性存在，唯有通过劳动，人才能证明自己可以作为一个社会的人而存在，才能不断地实现自我的发展，实现自身存在的意义与价值。

① 《马克思恩格斯文集》第1卷.北京：人民出版社，2009：第207—208页。
② 《马克思恩格斯文集》第5卷.北京：人民出版社，2009：第207—208页。

学思并进

蜜蜂建筑蜂房的本能使人间的许多建筑师感到惭愧。但是，最蹩脚的建筑师从一开始就比最灵巧的蜜蜂高明的地方，是他在用蜂蜡建筑蜂房以前，已经在自己的头脑中把它建成了。

——《资本论》第1卷

结合材料，分析人的劳动与动物劳动的区别。

（二）劳动与其他概念的区分

劳动与娱乐。休闲娱乐活动具有愉悦身心、提升身体素质、促进人际交往的功能，是人类不可缺少的活动。劳动和休闲娱乐共同构成人类基本的存在状态，劳动是休闲存在的前提和基础，休闲确证劳动的价值。正确的劳动观与休闲观，将直接指引人们积极劳动、合理休闲，在劳动中创造价值，在休闲中促进人的自由全面发展。

劳动与职业。职业是指人们在社会中所从事的作为主要生活来源的工作。它是对劳动的一种社会分工，体现了劳动者在社会中的位置和角色。劳动是职业的基础和前提，而职业则是劳动的具体表现和实现形式。劳动与职业的有机结合不仅能获得关于劳动、职业的基本认知，而且可以形成初步的劳动情感、职业理想和职业伦理，进而为职业生涯的规划和人生理想的实现提供指导。

学思并进

人力资源和社会保障部发布的《中华人民共和国职业分类大典（2022年版）》新增了158个新职业，其中首次标注了97个数字职业，占职业总数的6%。我国数字经济规模从2014年的16.2万亿元，快速增长至2023年的约56.1万亿元，GDP占比从25.1%升至44%左右。数字技术革命不仅会替代低技术劳动力，还出现了向中等技术劳动力替代蔓延的趋势。

来源：《经济日报·推动中国经济加"数"跑》

结合材料，分析在数字经济背景下，新兴职业呈现哪些特点。

劳动与学习。学习使劳动走向信息化、网络化、数据化、科学化，二者的共生关系越来越紧密。学习新知识、新技能可以帮助我们更好地从事劳动实践；在劳动的过程中可以发现新问题，认识不足，明确学习目标与任务、认识学习价值、探索学习方式与途径。

二、劳动的古往今来

（一）劳动的变迁

内容延伸

> 劳动是人存在的基本方式，但人的劳动能力和劳动方式是发展变化的。没有劳动方式和劳动能力的发展，人类社会的进步是不可能的。恩格斯说过，"劳动本身经过一代又一代变得更加不同"。马克思主义指出，"在劳动发展史中找到了理解全部社会发展史的钥匙"。
>
> 来源：《中国社会科学报·劳动观点的重要性》

1. 原始社会的劳动

在原始社会，劳动主要表现为简单的采集、狩猎和渔捞。由于当时的生产力水平极低，人类只能依靠简陋的石器、木棒等工具进行劳动。这些工具的制作和使用都非常原始，劳动效率极低。在这个阶段，劳动的主要目的是获取基本的生活资料，如食物、衣物和住所。由于生产力水平的限制，劳动成果往往只能满足基本的生存需求，没有剩余产品可供交换或储存。原始社会的劳动形式非常简单，通常是以家庭或氏族为单位进行集体劳动。人们通过共同协作，完成采集、狩猎等任务，以维持整个群体的生存。

2. 农业社会的劳动

随着农耕和畜牧业的兴起，人类进入了农业社会。在这一阶段，劳动形式发生了显著的变化。人们开始使用铁器等更加先进的工具进行耕种、养殖等农业生产活动。这些工具的使用大大提高了生产效率，使人们能够获得更多的农产品。农业社会的

劳动开始出现分工。一些人专门从事耕种，一些人则负责养殖或手工艺制作。这种分工使得劳动更加专业化，提高了生产效率。农业社会的劳动还开始产生剩余产品。这些剩余产品为社会的进一步发展提供了物质基础，也促进了商品交换和贸易的发展。

3. 工业社会的劳动

机器开始大规模地取代手工劳动，工厂制度兴起，劳动者开始集中在工厂中进行大规模生产。工业社会的劳动工具发生了巨大的变化。蒸汽机、电力等能源的应用使得机器能够连续不断地进行生产，大大提高了生产效率。各种先进的机械设备和生产线也使生产过程更加自动化和智能化。工业社会的劳动也带来了一些问题。劳动者在工厂中长时间从事单一、重复的工作，容易导致身体和心理上的疲劳和疾病。此外，随着机器的普及，一些传统的手工劳动岗位逐渐消失，导致部分劳动者失业或陷入贫困。

4. 现代社会的劳动

进入现代社会后，劳动形式再次发生深刻变革。随着信息技术的发展，知识劳动和信息劳动等新型劳动形式开始兴起。这些劳动形式需要劳动者具备更高的知识和技能水平，也使得劳动过程更加智能化和高效化。现代社会的劳动工具日益智能化。计算机、互联网等信息技术的发展使得劳动者可以更加便捷地获取和处理信息，提高了工作效率和准确性。此外，机器人、自动化设备等先进技术的应用也使得一些传统劳动岗位得到替代或优化。

知行合一

假如给你一次穿越的机会，你打算空降到哪个朝代？面对古代的劳动生活场景，你能凭借现代的知识过上一种怎样的生活？假如古代的工匠大师们穿越到了现代，面对现代的科技生产技术，又会发生怎样有趣的故事呢？

请以班级为单位，开展"穿越千年话劳动——劳动形态变形计"情景剧表演。

（二）劳动的未来

随着技术的不断创新和产业的深度融合，传统职业边界将逐渐模糊，新兴职业和岗位将不断涌现，未来劳动将更加多元化。数字化、人工智能、生物科技等领域的发展将催生大量新兴职业，如数据科学家、AI（Artificial Intelligence，人工智能）工程师、生物信息分析师等。远程办公、共享经济、灵活就业等新型劳动方式将更加普及，为人们提供更多的就业选择和机会。

未来劳动将更加智能化。随着人工智能、机器人等技术的广泛应用，越来越多的重复性、低价值的工作将被自动化替代，而人类将更多地从事高价值、创新性的工作。这要求劳动者具备更高的技能和素质，以适应智能化时代的需求。智能化技术将为劳动者提供更加高效、便捷的工作方式和工具，提高工作效率和质量。

未来劳动形态将更灵活化。随着全球化和信息化的发展，企业和组织将更加注重灵活性和适应性，以应对市场的快速变化和不确定性。因此，未来的劳动市场将更加灵活多变，劳动者需要具备更强的适应能力和学习能力，以应对不断变化的职业环境和岗位要求。灵活的工作方式如远程办公、兼职、自由职业也将更加普遍，人们的工作选择和自由度更加多元。

未来的劳动形态会呈现出更加个性化和人性化的趋势。随着消费者需求的多样化和个性化，未来的产品和服务将更加注重个性化和定制化。这要求劳动者具备更强的创新能力和服务意识，以满足客户的个性化需求。随着人们对生活质量和工作环境关注的增加，未来的劳动形态将更加注重人性化和可持续发展，为劳动者创造更加舒适、健康的工作环境。

未来的劳动形态将呈现出多元化、智能化、灵活化、个性化和人性化的特点。这些变化既带来了机遇也带来了挑战，需要积极应对并适应这些变化，以充分利用新技术和新兴职业带来的优势。

学思并进

随着新一轮科技革命和数字化转型的加速推进，人类劳动生产的表现方式和组织形式也发生了深刻变革，数字劳动从一个陌生概念到寻常可见，正逐渐深入到每个人的生活中。外卖配送员、网约车司机等新就业形态劳动者，以及网络主播、网络小说作家等群体都从事着数字劳动。目前，数字劳动的范畴已从最初主要分布在数据技术领域，延伸到数字产品制造业、数字产品服务业、数据技术应用业等数字经济核心产业领域。

数字劳动让人们的工作方式变得线上化、弹性化和即时化，但同时也模糊了工作与休息的边界，让不少人"被困在系统中"。如何实现科技向善，真正让劳动创造幸福？

来源：中工网－《工人日报·2023年劳动热词》

结合材料，谈谈你对数字劳动的看法。

第2章　发现劳动的魅力

一、近距离看劳动

（一）劳动的分类

劳动，绝非仅仅是简单的体力或技能活动的执行。它是一个深度复杂、多维度交织的社会现象，涉及体力、智力、情感以及社会关系的交织与互动。

人有两个宝，双手和大脑，双手会做工，大脑会思考，用手又用脑，才能有创造。

——陶行知

按照传统的劳动分类理论，劳动分为体力劳动和脑力劳动。体力劳动是劳动者以消耗体力为主的劳动，如从事建筑、挑水、搬砖等劳动。脑力劳动是劳动者以消耗脑力为主的劳动，如从事艺术、科研和管理等劳动。脑力劳动和体力劳动的分类是人类社会发展到一定阶段的产物。在社会主义社会，脑力劳动和体力劳动不是对立的。无论是体力劳动还是脑力劳动，都是劳动的组成部分，二者统一在人的实践活动中，都在为社会创造价值。

学思并进

孟子曰："或劳心，或劳力；劳心者治人，劳力者治于人；治于人者食人，治人者食于人，天下之通义也。"　　　　　　——《孟子·滕文公上》

句子大意为有的人用心思劳动，有的人用体力劳动。用心思劳动的人治理人，用体力劳动的人被别人治理。被别人治理的人养活别人，治理人的人靠别人养活。这是普天之下共同的原则。

结合材料，谈谈你对"劳心者治人，劳力者治于人"的看法。

劳动还可以分为生产劳动和非生产劳动。生产劳动是指劳动者为创造物质财富付出的劳动，如种植农产品、生产机器设备等劳动。非生产劳动是指直接或间接进行非物质资料生产的劳动，如文化、教育、法律、卫生和医疗等劳动。

随着物质资料的丰富和生产力水平的不断提升，人们对精神生活、医疗保健、生活服务等需求相应增长，非生产劳动进一步扩大。非生产劳动与生产劳动都是社会分工体系中不可缺少的部分，它们为人们提供多方面的物质和文化生活的需要，也都是现代社会不可或缺的劳动形式。

从创造性角度看，劳动分为重复性劳动和创造性劳动。重复性劳动主要是工作流程和工作内容基本固定的体力劳动，如搬运物品、工厂流水线员工的分拣工作、送外卖等。创造性劳动主要通过人的脑力劳动萌发出新技术、新知识或新思维，从而创造出新型社会财富或成果的劳动，如芯片设计、飞机设计等。

无论何种劳动，都是劳动的一种，劳动没有高低贵贱，只有分类不同，不能因其工作内容、工作环境和工资待遇等而区别对待。每一种劳动都是为社会创造价值。人类社会的发展就是靠劳动的不断重复、创新、再重复、再创新，往复循环，最终实现人类社会的进步。

知行合一

有人认为，不同社会形态下，脑力劳动与体力劳动的贡献程度不同；有人认为，脑力劳动与体力劳动没有区别，只是社会分工或劳动体现的主要形态不同。

以"体力劳动与脑力劳动谁的贡献价值大"为主题进行辩论。

（二）正确看待各类劳动

正确看待各类劳动，首先需要理解劳动的多元性和平等性。劳动是人类社会存在和发展的基础，不同形式的劳动都为社会进步和人类福祉做出了贡献。

要尊重各类劳动的价值。无论是体力劳动还是脑力劳动，无论是传统的手工艺还是现代的高科技产业，每一种劳动都有其独特的价值和意义。体力劳动为社会提供了物质基础，脑力劳动则推动了科技进步和文化创新。各类劳动共同构成了丰富多彩的人类社会。

要认识到劳动的平等性。在现代社会中，每个人都应该享有平等的劳动机会和权利。不论性别、年龄、种族、宗教信仰等，每个人都应该被平等对待，能够根据自己的能力和兴趣选择适合自己的劳动方式。我们应该尊重劳动者的尊严和权益，保障他们的劳动成果得到合理的回报。

二、认识劳动的价值

（一）劳动之于社会发展

劳动创造了人类本身。劳动是人类特有的、区别于动物的根本活动，是人类社会存在和发展的基础。人的本质在于其社会性，即人是在社会关系中通过劳动来定义自己的。

内容延伸

劳动构成了人的存在，因为劳动，人类才可以称为人类，其不仅提供着人的物质和精神生活的源泉，也时刻限制和调整着人类社会的结构。马克思认为，人类社会的最终形态是共产主义社会，而共产主义社会的标志既不是发达的物质基础，也不是生产资料的共有，而是人的自由劳动，唯有自由劳动，人类才可以实现全面发展，才可以实现自由解放。

劳动创造历史和文明。依靠劳动，人类脱离蛮荒、脱离饥寒，从茹毛饮血到刀耕火种，从手工技术到机器大生产，从衣不蔽体到物阜民丰，人类社会的每一个进步都浸透伟大的劳动创造。中华民族五千多年的灿烂文明是世世代代中华儿女辛苦劳作、不断探索的成果。

拓展链接

回望改革开放40多年的历程，中国经济持续发展，人民生活水平显著提高，创造今天美好生活的，正是亿万人民勤劳的双手，是上上下下苦干实干的精神。没有亿万人民的胼手胝足、日耕夜作，就不会有今日中国的巨变。

从造出第一颗人造卫星到实现第一次载人航天，从"解锁"深层页岩气田到科学开发城市地下空间，从开通第一条高速公路到港珠澳大桥飞架三地……正是千千万万在平凡岗位上默默无闻、无私奉献的劳动者，用勤劳的双手、晶莹的汗水在中华大地上创造了举世瞩目的人间奇迹。

劳动创造社会财富。无论是农业生产、工业生产，还是服务业，劳动都是将自然资源转化为社会所需产品和服务的必要过程。通过劳动，人们种植粮食、开采矿产、制造商品、提供服务，满足了人们的物质需求，为社会积累了大量的物质财富。劳动创造了精神财富。在劳动过程中，人们不仅积累了物质财富，还形成了丰富的文化、艺术和科学成果。劳动者的智慧和创造力通过劳动得以展现，形成了独特的社会文化和精神风貌。

拓展链接

满足人们衣食住行物质需要的社会财富，并非天然育成，而是人类劳动创造的产物。中华人民共和国成立70多年来，我国从一穷二白发展成一个体量近100万亿元人民币的经济体。1952年，我国国内生产总值仅为679亿元人民币。2019年我国国内生产总值约99万亿元人民币，比上年增长619%。

从1949年时的百废待兴到1986年经济总量突破1万亿元人民币，中国花了37年；从1万亿元人民币到2000年突破10万亿元人民币大关，中国花了14年；从10万亿元人民币到2019年近100万亿元人民币，中国只用了19年。未来，我们要踏入实现14亿人共同富裕的伟大征程。

（二）劳动之于个人成长

劳动在人的全面发展中起着不可或缺的作用。通过劳动，我们可以锤炼品德、提升智慧、锻炼身体、培育美感，实现个人的全面发展。

以劳树德，涵养道德情感。劳动是锤炼个人品德、塑造人格的过程。劳动中，人们可以培养勤奋、诚实、守时、自律等优良品德和道德观念。在工作中，需要遵守纪律、认真

落实劳动教育
促进五育融合

负责、尊重他人、讲求公正等，这些行为习惯会逐渐形成人们的价值观和道德标准。

以劳增智，锤炼思维能力。劳动过程中，人们可以接触到各种实际问题，可以学会观察、思考、分析和解决问题。劳动中的实践经验和技能积累，为我们提供了学习机会和知识来源。在劳动中，我们需要不断学习新知识、掌握新技能，以应对不断变化的工作环境。这种学习能力的提升，有助于我们在生活和工作中更加得心应手，为我们未来的发展打下了坚实的基础。

内容延伸

皮亚杰的认知发展理论认为，人的思维能力是由动作内化而来的。儿童借助动作与外界相互作用进行思维；随着活动的积累，心理的成熟，人类逐步学会了摆脱动作、形象等支持手段，直接用语言符号进行思维。

劳动是一种以成果为追求目标的特殊活动，是一种过程更复杂、目标更具确定性的活动，这种活动更有助于刺激我们思维能力的发育。在劳动过程中，手指会做些复杂、精细的动作，这会促进大脑血流量的增加，从而使个体的思维更加敏捷。

以劳强体，实现身心合一。劳动是一种身体力行的活动，通过劳动，人们可以锻炼身体、增强体质。无论是体力劳动还是脑力劳动，都需要付出一定的体力和精力。这种付出虽然辛苦，但能锻炼身体和保持健康。长期的劳动锻炼可以增强我们的身体素质，提高免疫力和抵抗力，让人们更加健康地面对生活和工作中的挑战。

以劳育美，提升审美情趣。劳动是一种创造美的过程，通过劳动，人们可以创造出各种美丽的作品和产品。无论是手工艺品的制作、建筑设计的实施，还是艺术创作的展现，都是劳动美的体现。劳动中的创新和创造，不仅让我们享受到美的成果，也让人在劳动过程中感受到美的力量和魅力。这种美的体验和感悟，有助于我们提升审美能力和创造力，丰富我们的精神生活和文化内涵。在劳动的过程中感知美、享受美，在改造社会的过程中创造美、欣赏美，使劳动更具人文之美与和谐之美，以此丰富人的情感，温润人的心灵。

知形合一

　　劳动使机器飞速转动，劳动使田畴瓜果飘香；劳动是人类永远的旋律，劳动是勤劳者的心灵之歌；劳动让世界展现美好，劳动创造幸福生活。在百年奋进征程中，我们要勤于创造、勇于奋斗，以劳动托起中国梦。

　　以"劳动创造美·建功新时代"为主题开展演讲比赛。

态度篇：端正态度 共创劳动之梦

  中华民族自古就是崇尚劳动的民族，古往今来，对劳动的赞歌绵延不绝。无论时代条件如何变化，对待劳动的态度都应愈发积极。好的态度是成功的一半，劳动态度，作为个体对待劳动、劳动者及劳动成果的心理倾向和行为反应，对劳动状态、劳动质量和劳动结果具有直接影响。认识劳动的意义与价值后，应以尊重劳动、崇尚劳动、热爱劳动的积极劳动态度投身劳动。

  我们应该怎样正确地看待劳动？如何调整好自己的心态，以最美的姿态投身劳动？学习本专题，我们将明确尊重劳动、崇尚劳动、热爱劳动的内涵及表现，端正自身的劳动态度，尊重劳动，体恤劳动者，珍视劳动成果，懂得劳动最光荣、劳动最崇高、劳动最伟大、劳动最美丽的道理，发自内心地热爱劳动，在劳动中体悟人生乐趣。

第1章 劳动态度 决定高度

一、对待劳动，你是什么态度

问启新知

劳动最光荣，劳动使我开心。

劳动别找我，找我也不在。

智能时代，劳动已经过时。

我尊重劳动，但我不想劳动。

你对待劳动是什么态度？应该以什么态度对待劳动？

（一）崇尚劳动

劳动创造幸福，实干成就伟业。在广袤的神州大地上，广大劳动者勤恳付出，昂扬奋进，全社会形成崇尚劳动的良好风尚。崇尚劳动要树立正确的劳动价值观，充分认识到"劳动最光荣、劳动最崇高、劳动最伟大、劳动最美丽"的道理。

"劳动最光荣"承载着中华优秀传统文化中的奋斗思想，无论是在艰难岁月，还是在新时代，中国人始终勤恳劳动，创造生活财富，用丰硕的实践成果证明了劳动是一种至高的尊荣。回顾中华民族的发展史与党的百年奋斗史，"劳动最光荣"的思想和观念贯穿始终，体现出中华民族实干兴邦的共同价值主张和集体发展诉求。

"劳动最崇高"源于在强大的自然和社会面前，人类以弱小之力在不断奋斗的过程中展现出来的巨大精神力量。劳动为人类自身发展和社会进步提供着源源不竭的动力，人类也曾由此产生了丰富多彩的审美体验和各种赞叹不已的情怀。宏伟的三峡大坝、壮观的港珠澳跨海大桥、风驰电掣的"复兴号"高铁、威武的"东风系"导弹，所有这些成就映照的都是劳动者创造成就的崇高。

"劳动最伟大"是对劳动价值的深刻认识。劳动是创造世界、推动社会进步的根本力量。无论是科技的创新、文化的传承，还是经济的繁荣、社会的和谐，都离不开劳动的支持和推动。

"劳动最美丽"是指劳动者基于劳动实践实现美的创造，通过各种美的劳动形式，彰显劳动者的本质力量和劳动美的价值。平凡而又普通的劳动者在做事创业中形成了成果之美，锻造了技艺之美，创建了场景之美，体现了精神之美，他们在平凡中彰显不凡，树立了最美的形象。

学思并进

中华人民共和国成立70周年之际，经过全国广泛推荐评选，278名个人、22个集体荣获"最美奋斗者"称号。

如"最美奋斗者"陈景润，在破解世界著名数学难题"哥德巴赫猜想"中创造了美。"最美奋斗者"袁隆平，一顶草帽、两脚泥土，他用几十年的时间，大幅提高杂交水稻亩产，对中国、对世界都做出了重大贡献。一辈子躬耕田野，只为苍生谋稻粱。袁隆平的一生，美得不可方物。"最美奋斗者"张桂梅，蹒跚的步履，刻满沧桑的脸庞，贴满膏药的双手，和那些女孩灿烂的笑脸，谁说不是最美的符号？

来源：《光明日报·让奋斗之美照亮我们的生活》

结合材料，请再搜集一些荣获"最美奋斗者"称号的人物事例，与同学分享。

（二）尊重劳动

劳动是社会进步和人类文明发展的源泉。作为人类的本质活动，一切劳动，无论是体力劳动还是脑力劳动，都应该被尊重。尊重劳动是对劳动的基本态度，包含对劳动本身及劳动者的尊重、对劳动资料的节约、对劳动

尊重劳动者

◆ 老师——辛勤的园丁
◆ 医生——驱赶病魔圣斗士
◆ 农民——衣食父母
◆ 建筑工人——城市的建设者
◆ 清洁工——城市街道守护者

过程的体贴、对劳动成果的爱惜等。我们应该认识到劳动的价值和意义，理解和支持从事劳动的人，珍视和保护劳动成果。

尊重劳动即把劳动本身作为尊重的对象，认识到劳动本身具有创造性和价值性，是推动社会发展和进步的基础。理性看待脑力劳动与体力劳动、简单劳动与复杂劳动的区别，尊重任何合理合法的劳动。每个人都应该认识到劳动的尊贵和重要性，无论从事哪种职业，都应该把自己的工作看作一份尊贵的事业，珍视每一个细节，用心投入工作中去。以辛勤劳动为荣、以好逸恶劳为耻，共同营造全社会尊重劳动、尊重知识、尊重人才、尊重创造的良好氛围。

尊重劳动从尊重劳动者开始。社会就像一台精密无比的巨大机器，有人做大梁就要有人做螺丝。劳动不分贵贱，劳动者没有尊卑之别，任何一份职业都很光荣。任何一项劳动成果的取得都要依靠劳动者的辛勤劳动。

拓展链接

高技能人才是人才队伍中的重要方阵。数据显示，截至 2024 年，我国技能人才超过 2 亿人，高技能人才超过 6 000 万人，占技能人才总量的 30%。各类高技能人才活跃在生产一线和创新前沿，成为推动经济社会高质量发展的重要力量。千金在手，不如一技傍身。要在全社会形成尊重高技能人才的良好氛围，让"劳动光荣、技能宝贵、创造伟大"蔚然成风。

来源：《科技日报·为高质量发展培养更多能工巧匠》

爱岗敬业的亿万劳动者在平凡的岗位上创造了非凡的业绩，他们是推动社会发展的主力军、是新时代最美的奋斗者、是所有人学习的好榜样。尊重劳动的主体地位，不仅是尊重大国工匠、劳动模范，也要尊重普通劳动者。蓝领和白领都值得被尊重，他们都在各自的岗位上做出了应有的贡献。蓝领工人用坚实的肩膀和勤劳的双手，创造了实实在在的价值；白领职员则凭借丰富的知识和技能，为企业提供了重要的支持和保障。他们的付出和贡献都是不可替代的，应该受到同等的尊重和待遇。

尊重劳动还体现在尊重劳动成果。我们应该珍视和保护劳动者所创造出来的成果，包括物质和非物质方面的成果。不同的劳动成果所承载的劳动不同，但本质没有区别，即使一些看起来不起眼的劳动成果，也凝聚了劳动者的劳动付出，因此，要尊重每一份包含劳动者辛勤劳动的成果。要学会合理消费和使用个人的劳动成果。要学会珍惜任何劳动成果的艰辛和付出，用合理的方式回报其劳动付出。

当尊重劳动成为一种共同的社会自觉时，劳动者能够在劳动中感受和实现存在价值，拥有社会归属感、劳动成就感、劳动自豪感，满怀热情地参与社会劳动、融入社会劳动，在劳动中创造更多社会财富。

（三）热爱劳动

热爱劳动就是培养正确的劳动态度和积极的劳动心理，自觉自愿、积极主动地劳动。对劳动的积极心理态度，是创造众多社会奇迹的劳动者所共有的品质。只有热爱劳动，懂得劳动创造美好、劳动创造幸福，人们才喜欢劳动、愿意劳动。正是基于对劳动的热爱，劳动者才能实现由"要我劳动"到"我要劳动"的转变，这是对马克思"劳动已经不仅仅是谋生的手段，而且本身成了生活的第一需要"这一理论生活实践的升华。

积极主动地劳动。热爱劳动要表现在积极地付诸行动。积极对待劳动任务，主动劳动，及时完成被安排的劳动任务，接到劳动任务之后，给自己设定任务完成期限和完成标准，自我调整，克服懒惰情绪，充分利用好劳动实践，合理分解劳动任务，及时付诸行动，高效开展劳动。努力做到"眼里有活"，基于事业发展目标，善于发现、主动规划、合理设计和全力实施工作任务，不折不扣落实劳动任务，主动发挥自己的聪明才智，全身心投入，不要过多计较任务是"份内"还是"份外"的。正确看待一些所谓的"苦差事"，培养整体思维和大局意识。

幸福地劳动。直接的物质劳动是纯粹的改造世界的活动，它给人的是一种踏实的收获感，间接的脑力劳动是高阶的改造人的精神世界，从而影响物质实践的活动，它给人的是理性的精神上的愉悦。两种形式的劳动都是幸福的，都是充满意义的，不同职业的人，应该学会发现、理解、创造、享受职业劳动的幸福。

劳动是幸福的基础，是幸福的源泉，而幸福是劳动的果实，是对劳动的奖赏。劳动者在劳动中实现了自己内在的自由意志和目的，展现了自己对生命的美好向往，获得了一种全新的生命体验。在劳动过程中，劳动者不仅享受劳动成果，更享受劳动过程，体验着生命的意义，实现了人自身的目的，反映出人性的光辉。人在劳动过程中实现了人与自己本质之间、人与人之间、人与社会之间以及人与自然之间的充分和谐。

学思并进

> 无论从事什么劳动，都要干一行、爱一行、钻一行。在工厂车间，就要弘扬"工匠精神"，精心打磨每一个零部件，生产优质的产品。在田间地头，就要精心耕作，努力赢得丰收。在商场店铺，就要笑迎天下客，童叟无欺，提供优质的服务。只要踏实劳动、勤勉劳动，在平凡岗位上也能干出不平凡的业绩。
>
> 来源：2016年4月26日，习近平总书记在安徽合肥主持召开知识分子、劳动模范、青年代表座谈会讲话
>
> **结合材料，谈一谈如何在你所学的专业中体现对劳动的热爱？**

二、保持积极态度的益处

（一）提升效率 收获成就感

保持积极的劳动态度有利于提高工作效率和成就感。心理学研究表明，积极的态度能够激发个体的内在动机，使其更加专注于当前的任务。持有积极的劳动态度时，会倾向于对工作投入更多的注意力和精力。这种高度的专注不仅减少了分心和误操作的可能性，还使他们能够更快地理解和解决问题，从而提高工作效率。

积极的劳动态度会促使人们主动优化工作流程和提升工作方法，促使人倾向于从不同的角度审视问题，尝试创新的解决方案，而不是仅仅满足于现状。这种持续的改进和创新精神，有助于在工作中发现更高效、更准确的完成方法，进一步提升工作效率。

从行为科学的角度来看，积极的劳动态度会影响人们面对困难和挑战时的应对方式。持有积极态度的人更倾向于采取建设性的应对策略，如寻求帮助、调整方法或坚持努力，而不是逃避或放弃。这种应对方式不仅有助于更快地克服工作中的障碍，还能增强自我效能感，进而提高工作效率。

当工作效率提高时，个体会在更短的时间内看到劳动成果，这种即时的正反馈会增强个体的成就感。成就感是一种强大的内在激励，它会使个体更加愿意投入后续的工作中，从而形成一个良性的循环：积极心态促进效率提升，效率提升带来成就感，成就感再进一步激发积极心态。

（二）阳光心态 增强幸福感

阳光心态，即积极、乐观的心态，有助于个体在面对困难和挑战时保持坚韧不拔的精神状态。在劳动中，这种心态能够帮助个体更好地应对压力、减少焦虑，并更快地从失败中恢复过来。

阳光心态与幸福感之间存在着紧密的联系。积极心理学研究表明，乐观、积极的心态能够显著提高个体的主观幸福感。当个体在劳动中感到幸福时，他们会更加珍视自己的工作，更加投入地参与到劳动中，从而形成一个积极的工作环境。

阳光心态还有助于维护个体的心理健康。在劳动中保持积极态度的人更有可能体验到工作的乐趣和意义，他们更有可能形成健康的心理模式和应对策略，从而更好地回应生活中的各种挑战。

保持积极态度在劳动中的重要性不容忽视。从提升效率到增强成就感，再到塑造阳光心态和提高幸福感，积极态度都发挥着至关重要的作用。因此，我们应该重视并培养自己的积极心态，让劳动成为实现自我价值、追求幸福的重要途径。

第2章 打造劳动态度升级版

一、积极态度 对待劳动

（一）全心投入 乐在其中

积极态度首先表现为对劳动的全身心投入。这种投入不仅仅是时间和精力的付出，更是对劳动价值的认同和尊重。在劳动中，摒弃敷衍了事、得过且过的心态，以高度的责任感和使命感对待每一项任务。无论是学校的实训课程，还是课外的实践活动，都要以严谨的态度去对待，努力做到最好。

学会在劳动中寻找乐趣，享受劳动带来的成就感。劳动不仅是一种义务和责任，更是一种自我实现和成长的过程。当我们全身心地投入到劳动中时，就会发现其中蕴含的无穷魅力和乐趣。这种乐趣不仅来自劳动成果的呈现，更来自劳动过程中的探索和发现。

培养积极的劳动态度可以从日常生活中的小事做起。比如，在家里主动承担一些家务劳动，感受劳动带来的变化和成就；在学校积极参与实训课程和课外实践活动，提升自己的劳动技能和综合素质。通过这些实践体验，可以逐渐培养起对劳动的热爱和尊重，形成积极的劳动态度。

拓展链接

军港内，潜艇伏波静卧，海浪轻拍着艇体。刚刚出海归来的海军某潜艇基地"水下先锋艇"一级军士长、电工班班长郭金海，正和战友进行装备检查。

打开检查孔，郭金海匍匐钻进电池舱，对数百个螺栓进行检查紧固，边作业边讲解边示范。两个小时后，保养作业和岗位教学顺利完成。

从军以来，这样精细的检查工作对郭金海来说已是家常便饭。有人问他："长年累月这么辛苦，如何始终保持状态满格？"郭金海回答："雷锋常用'螺丝钉'来比喻自己、激励自己，从不因岗位普通而抱怨懈怠，总是把最平凡的事情做到极致。雷锋的先进事迹告诉我们，热爱就不会觉得苦，喜欢就会全心投入、乐在其中。"

来源：《解放军报·郭金海：热爱本职守护钢铁蓝鲸》

（二）主动作为　勇于担当

在劳动中，主动承担责任和任务，不等待他人的指示和安排。当遇到困难时，积极寻找解决方案，而不是逃避或推卸责任。这种主动作为的态度不仅能够提升个人的能力和素质，更能够展现出中职生的责任感和使命感。当面对困难和挑战时，要敢于挺身而出，勇于承担责任和风险。这种担当精神不仅能够赢得他人的尊重和信任，更能够为我们未来的职业生涯奠定坚实的基础。

在团队合作中主动承担一些难度较大的任务，锻炼自己的能力和胆识；在面对困难和挑战时保持冷静和乐观的心态，积极寻找解决方案并付诸实践。通过这些实践体验，可以逐渐培养起勇于担当的精神和品质。

作为职业学校的学生，应该自尊自强，珍惜每一次锻炼自己技能的机会，认真完成每一个劳动任务，实现自我价值的提升，在劳动实践中发展自己、创造财富、收获幸福。

知行合一

把目光对准勤勤恳恳、兢兢业业、始终奋战在个人岗位上的普通劳动者，以"最美瞬间"为主题，用镜头捕捉最美瞬间，记录劳动故事，深情礼赞劳动精神。

开展"最美瞬间"视频征集活动。

二、最美姿态　投身劳动

（一）保持热情　追求卓越

热情是劳动的动力源泉，也是在面对困难和挑战时能够保持坚定信念和昂扬斗志的关键因素。在劳动中对每一项任务都充满热情和激情，以积极的心态去面对劳动中的每一个细节和挑战。这种热情不仅能够提升我们的工作效率和质量，更能够让我们在劳动中感受到快乐和满足。

追求卓越则是在保持热情的基础上更进一步的目标。卓越不仅仅是一种标准或要求，更是一种对自我价值的追求和超越。在劳动中追求卓越意味着要不断挑战自我、超越自我，努力做到最好。这种追求不仅能够提升我们的能力和素质，更能够在劳动中实现自我价值的提升和超越。

为了保持热情和追求卓越，我们可以从培养自己的兴趣爱好和专长入手。通过对自己感兴趣的事情进行深入研究和探索，激发出热情和动力；通过不断学习和提升自己的专长技能，逐渐实现自我价值的提升和超越。学会在劳动中寻找乐趣和动力源泉，让劳动成为一种享受而不是负担。

（二）注重细节 精益求精

细节决定成败，在劳动中注重细节往往能够让工作更加完美和出色。精益求精是在注重细节的基础上更进一步的目标，它要求我们在追求完美的过程中不断挑战自我、超越自我。在劳动中注重细节意味着要对每一个环节、每一个步骤都进行仔细的观察和思考，确保每一个细节都能够得到完美处理。这种注重细节的态度不仅能够提升工作质量和效率，更能够在工作中避免很多不必要的失误和麻烦。

在完成一项任务时认真对待每一个步骤和环节；在制作一件作品时力求做到最好并不断改进完善；在团队合作中关注他人的需求和感受并积极沟通协调等。通过这些实践体验我们可以逐渐培养起注重细节和精益求精的品质，为未来的职业生涯奠定坚实的基础。要学会在劳动中保持耐心和毅力，因为很多时候成功就在于最后一步的坚持和努力。只有当我们注重细节、精益求精时才能展现出最美的劳动姿态，实现自我价值的最大化和超越。

知行合一

农民、快递员、教师、医护人员、程序员、工程师、作家、科学家……在我们身边，有很多这样的劳动者，他们凭着一份坚持，靠着不懈的奋斗，过上了幸福充实的生活。寻找身边至少三个行业（至少包括一个新兴行业）的"幸福劳动者"，采访他们的劳动故事，了解他们的劳动幸福感。

以"幸福劳动者"为主题开展采访活动。

品质篇：培育品质 铸就劳动之星

　　功崇惟志，业广惟勤。中华民族是勤于劳动、肯于吃苦、善于创造的民族。正是因为劳动创造，我们拥有了辉煌的历史；正是因为劳动，培育了中华儿女诚实守信、吃苦耐劳、勤俭节约等优秀品质。劳动品质是劳动者在长期、经常性的劳动实践中形成的稳定品格特征，不仅体现了个人的道德修养和文化素养，也是现代社会学习和工作所需要的基本素质和核心竞争力。

　　你应该具备哪些核心的劳动品质？如何在劳动中培育这些品质？学习本专题，我们将明确诚实守信、吃苦耐劳、勤俭节约的内涵与要求，懂得新时代践行培育这些优良品质的意义，知道在日常学习和劳动中不断培养和践行这些品质，让品质内化于心、外化于行，成长为品德高尚的新时代劳动好青年。

第1章　劳动品质 闪耀光芒

一、核心的劳动品质你拥有哪些

全社会都应该尊重劳动模范、弘扬劳动精神，让诚实劳动、勤勉工作蔚然成风。

要脚踏实地，埋头苦干，不驰于空想，不骛于虚声。

节俭朴素，力戒奢靡，是我们党的传家宝。现在，我们的生活条件好了，但艰苦奋斗的精神一点都不能少，必须坚持以俭修身、以俭兴业，坚持厉行节约、勤俭办一切事情。

以上论述包含了哪些劳动品质？你认为劳动中应该培育哪些核心劳动品质？

（一）诚实守信

古人云："诚者，开心见诚，无所隐伏也；信者，诚实不欺，信而有征也。"诚实守信，是中华传统美德，也是基本的职业道德。诚实守信作为劳动者应该培养的核心劳动品质，主要体现在劳动过程中展现出的真实、可靠和负责任的态度与行为。它要求劳动者在履行工作职责时，保持言行一致，遵守承诺，不虚假、不欺瞒，并始终坚守职业道德和职业操守。

自古以来，中国就有"一言既出，驷马难追""言必信，行必果"等诚信格言。这些格言体现了古人对诚信的高度重视，为后人树立了道德典范。儒家文化中，"诚"与"信"是核心的道德观念。儒家强调"诚意正心"，认为一个人的言行必须发自内心，真诚无伪。"信"是儒家五常（仁、义、礼、智、信）之一，代表着信守承诺、言行一致。培育诚实守信的劳动品质，正是对儒家诚信观的传承和实践，有助于形成正直、可靠的人格特质。

在中华传统文化中，诚信被视为道德伦理的基石。个人的诚信与其品德修养紧密相连。一个诚实守信的人，往往被视为有德之人，能够赢得他人的尊重和信任。通过培育诚实守信的劳动品质，个人可以在职场中树立良好的形象，实现自我价值的提升。

古代中国的商业活动中，诚信经营被视为商业伦理的核心。商人以诚信为本，才能赢得客户的信任，从而保持商业的长久繁荣。在现代社会，企业需要培育诚实守信的劳动品质，以建立良好的企业形象，赢得市场和客户的认可。

无论是个人还是社会层面，诚信都是维系人际关系、保障社会秩序的重要纽带。在劳动中培育诚实守信的品质，不仅是对个人道德修养的提升，也是对社会和谐稳定的贡献。

培育诚实守信的劳动品质，不仅是对传统优良品质的传承，更要坚持在新时代背景下创新与发展。在现代社会，劳动不仅仅是谋生的手段，更是实现个人价值和社会价值的重要途径。因此，诚信文化的培育需要与现代劳动理念相结合，强调诚信在提升工作效率、促进团队合作、塑造企业形象等方面的重要作用。

随着科技的发展和市场环境的变化，劳动中面临的新挑战日益增多。如虚拟环境中的诚信问题、知识产权保护中的诚信缺失等。这些新挑战要求人们在传承诚信文化的同时，要不断创新诚信的实践方式，以适应时代的需求。

内容延伸

社会信任建设是一个不断强化的过程，用信任带动信任、用信任激发信任，才能在全社会营造出诚信友善的良好生态。诚信是社会主义核心价值观所倡导的重要内容，而且与中华民族重信守诺的传统美德一脉相承。弘扬与社会主义市场经济相适应的诚信理念、诚信文化、契约精神，就要加快个人诚信、政务诚信、商务诚信、社会诚信和司法公信建设，推动各行业各领域制定诚信公约，构建覆盖全社会的征信体系，健全守信联合激励和失信联合惩戒机制。多方合作、各方努力，方能织密社会诚信网络，让守信者真正受益。

来源：《人民日报·释放诚实守信的正能量》

（二）吃苦耐劳

俗话说"吃得苦中苦，方为人上人"。孟子云："天将降大任于是人也，必先苦其心志，劳其筋骨。""苦是对环境、形势、局面的一种描述，也是对人意志品质的一种检验。"吃苦耐劳强调的是在面对困难、挑战和压力时，能够坚持不懈、毫不动摇地认真工作和努力奋斗的品质。

中华民族是一个以农业为基础发展起来的民族，农耕文化深深地烙印在了民族性格之中。农耕要求人们顺应天时，辛勤耕耘，方能收获。在这样的背景下，吃苦耐劳不仅是一种生存需要，更是一种美德。它体现了人们对土地的敬畏、对劳动的尊重，以及对收获的渴望。

在物质匮乏时期，吃苦耐劳更多地体现在对物质极端匮乏状态的承受和克服上。人们需要忍受饥饿、寒冷等生理上的痛苦，以及长时间、高强度的体力劳动。这种吃苦耐劳的精神在很大程度上是为了满足基本生存需求而被迫形成的。

迈入新时代，随着经济的发展和社会的进步，物质条件得到了极大的改善，人们不再需要像过去那样忍受极端的物质匮乏。新时代的吃苦耐劳在物质层面的要求相对较低，更多地强调在精神层面的坚韧和毅力。这包括面对挫折和困难时的坚持不懈，对工作的热爱和投入，以及不断学习和提升自己的能力等。

在当代社会，个人面临着各种前所未有的挑战和压力。在快速发展的社会中，人们需要不断适应新的环境和挑战，敢于尝试新事物，勇于突破自我。这种吃苦耐劳的精神不仅要求人们能够承受困难和挫折，更要求人们能够在困难中发现机遇，以积极的态度面对生活中的挑战。

新时代的吃苦耐劳品质更加全面、综合和精神化，体现了人类在生存与发展中的更高追求和勤劳勇敢、自强不息的民族精神。在新时代背景下，我们应该继续弘扬这种精神，为实现个人价值和社会进步贡献力量。

内容延伸

"自找苦吃"是新时代青年成长的有效路径。一代人有一代人的际遇，一代青年有一代青年的使命。蹲过的苗，根扎得更深，叶长得更茂，对青年的成长来说也如此。青年有的是干事创业的激情，有的是敢为人先的锐气，但缺的是在实践中历练的机会，缺的是在挫折中成长的韧劲。

青年人想要成长成才，就应当敢于"自找苦吃"，不畏艰难、矢志奋斗，利用一切机会磨砺自己，坚定"不怕苦"的信念、锻造"能吃苦"的意志、练就"战胜苦"的本领，如此方能不负时代、不负青春，成为堪当民族复兴重任的时代新人。"自找苦吃"不是盲目吃苦，而是要主动到实践中经风雨、见世面、壮筋骨、长才干。要善于将个人奋斗的"小目标"融入国家发展的"大蓝图"，忠于祖国、忠于人民，把自己的理想同祖国的前途、民族的命运紧密联系在一起，勇挑工作重担，彰显青春担当。

来源：《当代广西》2023年第18期《青年要涵养吃苦耐劳精神》

（三）勤劳节俭

"民生在勤，勤则不匮"。美好的生活要靠辛勤的劳动创造。古人云："俭则约，约则百善俱兴；侈则肆，肆则百恶俱纵。"勤俭节约倡导的是一种适度、合理、节用的生活理念，蕴含的是以节俭惜物为荣、以奢靡浪费为耻的道德品质，于个体而言，既体现着一种"待物之德"，也内蕴着一种"修养之道"。勤劳节俭主要体现在劳动过程中展现出的勤奋努力和节约资源的态度与行为。它要求劳动者在履行工作职责时，付出辛勤的努力，不怕吃苦、不怕困难，以高效的工作态度和合理利用资源的方式完成工作；它要求劳动者在生活中保持节俭的习惯，以可持续的方式生活。

勤劳节俭是塑造良好品格和实现自我价值的基础。勤劳意味着不懈努力、追求卓越，这种态度有助于个人在职业和学业上取得更好的成就。节俭让个人学会珍惜资源、合理规划，在生活中更加独立和自主。通过勤劳节俭，个人能够培养坚韧不拔的意志和自律的精神，为未来的发展奠定坚实的基础。

勤劳节俭是维系家庭幸福和传承家风的重要保障。一个勤劳节俭的家庭能够共同面对生活中的挑战，共同创造美好的未来。这种品质有助于培养家庭成员之间的互助互爱、团结协作的精神，增强家庭的凝聚力和向心力。让家庭更加珍惜每一份收入，合理规划家庭开支，为家庭的稳定和持续发展提供有力保障。

勤劳节俭是推动社会进步和发展的重要力量。一个勤劳节俭的社会能够形成积极向上的社会风气，激发人们的创造力和进取心。这种品质有助于培养社会成员之间公平竞争和诚信合作的精神，推动社会的和谐稳定发展。倡导绿色、低碳的生活方式，更加珍惜有限的资源，有利于保护生态环境，实现可持续发展。

内容延伸

"节俭办赛"一直是全世界各大城市举办运动会的首要原则之一。第31届世界大学生夏季运动会的举办城市成都确立了"绿色、节俭、必须"的办赛原则，本着"能改不建、能修不换、能租不买、能借不租、能合并采购就合并采购"的节俭办赛原则，在以下几个方面共节约成本上百万元：一是不用新修临时道路以保证工作人员的抵离，也就不涉及赛后临时道路的拆除和恢复原貌，节约了相关的费用开支；二是缩减了青山田径场运行人员数量，原需配置80人，现仅需配置41人且均纳入大运村管理，节约了人员开支；三是减少了临时设施建设，只需搭建训练开展所需的相关临时设施建设，而医疗安保等可与大运村共享，节约了相关的费用；四是减少了通用物资、办公耗材，以及医疗、消防、安保等相关的保障物资开支。

来源：成都大运会官网《如何节俭办赛？成都这样作答》

二、培育良好品质的积极影响

（一）塑造稳定品格 践行职业道德

良好品质的培育有助于个人形成稳定、健康的品格。一个具备勤劳、节俭、诚实、守信等品质的人，往往能够在生活中保持自律，对待工作认真负责，对待他人友善尊重。这些品质是个人内在道德和精神风貌的体现，也是个人在社会生活和职业生涯中取得成功的重要保障。通过持续不断地培育这些好品质，个人可以逐渐形成稳定、健康的人格，为塑造稳定品格奠定坚实的基础。

好品质的培育需要个人在日常生活中不断地反思、学习和实践，稳定品格的塑造则需要个人在长期的职业生涯中坚守自己的价值观和道德准则，不断锤炼自己的意志和品格。只有持之以恒地培育好品质，才能够最终实现稳定品格的塑造。

《新时代公民道德建设实施纲要》要求，推动践行以爱岗敬业、诚实守信、办事公道、热情服务、奉献社会为主要内容的职业道德。在职业领域，良好品质的培育对于践行职业道德至关重要。职业道德要求从业人员在从事职业活动时，遵循一定的道德规范和职业操守。具备良好品质的人，更能够自觉遵守职业道德规范，维护职业形象和行业声誉，从而推动整个行业的健康发展。

（二）提升职业素养 彰显工匠风范

职业素养是指从业人员在从事职业活动时所具备的专业知识、技能和态度等方面的综合素质。培育良好品质，如勤俭节约、诚实守信等，有助于提升个人的职业素养。一个具备高度职业素养的人，能够更好地适应职场环境，胜任工作任务，实现个人价值。

良好品质的培养能够全面提升个人的职业能力。专业技能方面，具有良好品质的人往往具备更强的学习意愿和学习能力，他们会主动钻研、不断进步，以确保自己在专业领域内的知识储备和技能水平保持领先。他们对待工作的态度也更加认真负责，始终坚守高标准、严要求，以确保每一项任务都能准确、高效地完成。此外，在团队协作中，他们展现出的尊重、理解和包容，使得团队氛围更加和谐，合作更为顺畅，提高了整个团队的工作效率和质量。

从业人员在从事技艺性工作时所展现出的精湛技艺、严谨态度和追求卓越的精神风貌，谓之工匠风范。培育诚实守信、勤劳节俭、吃苦耐劳的良好品质，是作为工匠的基本职业素养，是成为工匠的必备品格；在此基础上，精益求精、追求卓越，争做各行各业的工匠。

第2章 劳动品质修炼手册

一、诚实劳动 赢得尊重

（一）谨慎许诺 恪守承诺

"言必信，行必果。"在许诺之前要三思，确保自己有能力、有决心兑现承诺；一旦许诺，就必须坚决履行，不可食言。在劳动中，我们要时刻铭记这一古训，以谨慎的态度对待每一次许诺，用实际行动去兑现每一个承诺。

在工作中，我们经常需要做出承诺，这些承诺可能是对工作任务完成时间的保证，也可能是对工作质量的承诺。承诺不是随口说说而已，而是需要我们用实际行动去兑现。因此，我们在许诺时一定要谨慎，确保自己有能力兑现承诺。

谨慎许诺是一个深思熟虑的过程，它要求我们在做出任何形式的承诺之前，必须进行全面的风险评估和能力分析。这种评估不仅是基于当前的能力和条件，更要考虑未来的不确定性和潜在的风险因素。具体来说，我们需要精确地衡量自身具备的资源、技能和时间，同时预测可能出现的外部干扰、市场变化或技术难题。例如，在项目管理中，对项目范围、时间表和成本的准确评估是谨慎许诺的关键，这需要我们运用科学的方法和工具，如 SWOT 分析（优势、劣势、机会和威胁分析）来确保承诺的可行性和合理性。

恪守承诺要求我们在承诺之后，采取一定的措施来确保承诺的履行。这涉及制定详细的实施计划，包括具体的行动步骤、时间表和资源分配。在实施过程中，我们应保持高度的责任心和专注力，对任何可能影响承诺履行的因素保持警觉，并及时采取应对措施。此外，我们还需要建立一套有效的监控和反馈机制，以便及时发现问题并进行调整。

（二）履职尽责 勇于担责

《论语》中曾提到："君子讷于言而敏于行。"一个真正的君子应该少说空话、多做实事，以实际行动去履行自己的职责和使命。在劳动中，我们要秉持这种品质，以高度的责任心和使命感去对待每一项工作。

履职尽责是指在所担任的职位上全心全意地履行职责，不遗余力地完成工作任务。这表现为对工作职责的忠实执行，体现出一种对工作高度负责的态度。在履职尽责的过程中，我们需要深入理解自己的岗位职责，明确工作目标和要求，制定切实可行的工作计划，并严格按照计划去推进；不断学习和提升自己的专业技能，以更好地适应岗位需求，确保每一项工作都能够高质量地完成。

勇于担责即在面对问题和挑战时，敢于承担责任，不推诿、不逃避。这种担责精神不仅体现在对工作结果的负责上，更体现在对工作过程的把控和对团队的支持上。当工作出现问题时，勇于担责的人会主动查找原因，积极寻求解决方案，而不是将责任推给他人。

知行合一

人世间的美好梦想，只有通过诚实劳动才能实现；发展中的各种难题，只有通过诚实劳动才能破解；生命里的一切辉煌，只有通过诚实劳动才能铸就。

以"诚信工匠"为主题，搜集诚信工匠故事进行汇报分享。

二、辛勤劳动 成就梦想

（一）勤勉工作 刻苦钻研

"业精于勤，荒于嬉。"人们只有勤奋努力，才能取得事业上的成功；如果嬉戏度日，则必然荒废事业。勤勉工作的意义在于，通过不断地努力和付出，我们能够积累丰富的经验和知识，提升自己的能力和素质，为事业的发展奠定坚实的基础。

在今天这个知识爆炸的时代，刻苦钻研的精神愈发显得弥足珍贵。面对海量的信息和日新月异的科技变革，我们需要保持一颗求知若渴的心，不断学习新知识、探索新领域。勇于探索未知领域，敢于挑战自我，不断突破自己的舒适区。在学习和工作中，善于发现问题、分析问题并解决问题，通过不断地实践和总结，积累丰富的经验和智慧。保持开放的心态，积极向他人学习请教，汲取他人的优点和长处，弥补自己的不足和缺陷。只有这样，才能在激烈的竞争中脱颖而出，实现自己的价值和梦想。

（二）俭朴生活 逆境坚韧

俭朴生活，是对物质欲望的克制与对内心平和的追求。"俭以养德"，节俭不仅是一种经济行为，更是一种道德修养。它要求我们在日常生活中量入为出，避免奢华与浪费，将资源用于真正有价值的地方。这种生活态度有助于积累财富，培养自律精神与感恩之心。

逆境坚韧，是在面对困难与挑战时保持坚定信念与积极行动的品质。"天行健，君子以自强不息"的精神激励着无数仁人志士在逆境中奋起。无论是历史上的英雄人物还是现代社会的普通人，他们都在用自己的行动诠释着这种坚韧精神。在逆境中，要有勇气面对困难，更要有智慧去寻求解决问题的方法。这种智慧来源于我们对世界的深刻理解与对自我的不断提升。

在物质日益丰富的今天，俭朴生活提醒我们要保持清醒的头脑与平和的心态，让我们学会了珍惜与感恩，让我们在物质世界中找到了内心的平衡与宁静；逆境坚韧则让我们在困难面前不屈不挠，勇往直前，不断超越自己。这两种品质共同构成了人们现代生活中的精神支柱，让人们能够在复杂多变的世界中保持清醒的头脑和坚定的步伐。

知行合一

《诗经·小雅·蓼莪》曰："哀哀父母，生我劳瘁。"父母工作不易，辛苦劳动将孩子抚养成人，请以"我跟父母换岗"为主题，开展"我跟父母换一天岗"的职业劳动体验，或到单位体验父母的工作，或在家帮父母做家务，感受劳动的甘苦。

精神篇：弘扬精神
激发劳动之力

专题四

伟大的事业需要伟大的精神，伟大的精神托举伟大的梦想。劳动，创造了财富，也砥砺着精神。劳动精神是劳动者在劳动创造中展现出的劳动精神风貌，是劳动的理念认知、价值追求和劳动状态、行为实践的集中体现，体现了所有劳动者的精神共性。新时代新征程上，我们要大力弘扬劳动精神、劳模精神、工匠精神，积极投身新时代的伟大实践，为全面建设社会主义现代化国家、实现中华民族伟大复兴的中国梦做出新的贡献。

劳动的精神谱系指的是什么？为什么新时代要继续弘扬伟大精神？如何让伟大精神成为我们奋进的力量？学习本专题，我们将理解劳动精神、劳模精神、工匠精神的丰富内涵和时代意义，懂得在劳动中自觉传承和弘扬劳动精神、劳模精神、工匠精神，以青春韶华、以热情毅力，谱写时代赞歌和历史新篇。

第1章 劳动精神 力量之源

一、劳动的精神谱系你了解多少

问启新知

工匠之所以为"匠"，只因他们心安神定。

不放过任何一个细节，不忽视任何一个细微之处。

欲成精品，必先用心。选择了某个行当，就得沉潜下来。

做事不将就，品质要讲究；一时是兴起，日久见匠心。

工匠，于国是重器，于家是栋梁，于人是楷模。

工匠精神是一种对待工作精益求精的态度。

来源：新华网 部分网友回答

结合材料，谈一谈你理解的工匠及工匠精神是什么？

劳动精神是劳动者在劳动创造中展现出的劳动精神风貌，是劳动的理念认知、价值追求、劳动状态、行为实践的集中体现，体现了伟大劳动者的精神共性。劳动精神、劳模精神、工匠精神成为我们国家的精神谱系中闪亮的标识，为中华儿女逐梦伟大复兴提供了强大的精神指引。

内容延伸

在长期实践中，我们培育形成了爱岗敬业、争创一流、艰苦奋斗、勇于创新、淡泊名利、甘于奉献的劳模精神，崇尚劳动、热爱劳动、辛勤劳动、诚实劳动的劳动精神，执着专注、精益求精、一丝不苟、追求卓越的工匠精神。劳模精神、劳动精神、工匠精神是以爱国主义为核心的民族精神和以改革创新为核心的时代精神的生动体现，是鼓舞全党全国各族人民风雨无阻、勇敢前进的强大精神动力。

来源：2020年11月24日全国劳动模范和先进工作者表彰大会

（一）劳模精神

"爱岗敬业、争创一流"指的是劳模对待岗位、对待职业的一种态度，体现了劳模对国家、社会、职业的高度责任感和使命感及舍我其谁的主人翁精神。爱岗敬业，就是要干一行、爱一行，是干好工作的重要前提，是一个人应有的职业操守，也是社会主义核心价值观的基本要求。争创一流，就是要干一行、钻一行、精一行。要练就一流的技术，干出一流的业绩，创造出一流的成果。

"艰苦奋斗、勇于创新"指的是劳模的作风，体现了广大劳模吃苦耐劳、坚韧不拔的作风和意志，以及不满足于现状、强烈的开拓创新意识。艰苦奋斗，是一种不怕艰难困苦、奋发图强、艰苦创业，为国家和人民的利益积极奋斗的精神，是中华民族的优良传统，是中华儿女的自强法宝。勇于创新，是劳模精神不断发展、与时俱进的时代内涵。穷则变，变则通，通则久。中华民族自古以来便勇于创新、善于创新，正是勇于创新、开拓进取的精神使得我们的民族永葆生机。

"淡泊名利、甘于奉献"指的是劳模的思想品质，表现为能克服急功近利的浮躁，远离追名逐利的彷徨，不谋一己之得失。忧事业之兴衰，体现为党和国家的事业而奋斗的价值观，体现了一个人不以个人私利为先，将自己的能力和智慧投入到集体事业中的精神。在物欲横流、功利至上的时代，能够坚守自己的信仰和价值观，为他人和社会做出贡献，体现了一种崇高的人生追求和境界。

学思并进

2020 年，四川省青神县云华竹旅有限公司总经理陈岚被评为全国劳动模范。陈岚从事竹编工作已有三十余年，年轻的他入职后最大的愿望就是继承和发扬青神竹编艺术。一直以来，陈岚投入大量人力、物力、财力进行竹编产品的创新和研发，他和团队用 1 厘米宽的薄篾层均匀地分出极细的竹丝，开发了一批薄如蝉翼、细如发丝的竹编精品。从单色竹编到彩色竹编，从名人书画到人物肖像，从乡村风物到女士坤包……陈岚先后带领团队创新了 1 000 多个竹编产品，把竹编从技术提升到艺术境界。2008 年，陈岚和他的团队一举攻克了"彩色竹编"难题，填补了世界上没有彩色竹编的空白。2018年，陈岚带领团队制作的作品《国宝图》被作为国礼赠送给喀麦隆总统。

来源：《中国旅游报》

请结合材料分析，劳动模范陈岚身上体现了劳模精神的哪几个方面？

（二）劳动精神

劳动精神的内涵是"崇尚劳动、热爱劳动、辛勤劳动、诚实劳动"。其中，"崇尚劳动"是树立正确的劳动价值观，充分认识到"劳动最光荣、劳动最伟大、劳动最崇高、劳动最美丽"。"热爱劳动"是培养正确的劳动态度，促进劳动者自觉劳动、积极劳动、主动劳动。"辛勤劳动"是对劳动过程及其强度的充分肯定，表明要充分遵循劳动的客观规律以及要达到的劳动强度，体力劳动要付出辛劳和汗水，脑力劳动也要付出智慧和心血。"诚实劳动"是对劳动者品德的客观规定，表明劳动要踏踏实实、求真务实、真抓实干、实事求是。①

内容延伸

"一勤天下无难事。"劳动精神是中华民族显著的精神标识，中华优秀传统文化的根脉中内蕴着勤于劳动的基因。大禹治水、愚公移山、精卫填海、后羿射日……从远古时代的神话传说，到口耳相传的寓言故事，无不展现了先民们不畏艰险、百折不挠、勤劳勇敢、无私奉献的高尚品德。"昼出耘田夜绩麻，村庄儿女各当家""童孙未解供耕织，也傍桑阴学种瓜""锄禾日当午，汗滴禾下土""人生天地间，劳动最为先"……这些诗词谚语，抒发的是作者对田园劳作之乐的向往，传达出的是中华民族坚持不懈、敬业乐业、吃苦耐劳、自强不息的精神品格。

来源：《光明日报·大力弘扬劳动精神》

---

① 劳模精神劳动精神工匠精神的内涵及关系（中国社会科学网）。

崇尚劳动，是一种高超的品质，表现为一种强烈的社会责任感和历史担当。崇尚劳动意味着要认识到劳动是创造财富和价值的源泉，是实现自我价值和社会进步的必要条件；尊重劳动者的权利和尊严，支持他们通过劳动获得合理收入和社会地位；推动社会公正和良好治理，保障劳动者的合法权益和福利。

热爱劳动，是一种态度，是一种内心的驱动力，是一种对自我实现和社会价值最大化的追求。热爱劳动即把劳动看成一种快乐和享受。在学习和工作中，应该保持积极的心态，主动参与劳动，充分发挥自己的潜力和才华，通过劳动获得成就感和满足感，积极迎接未来的挑战。

辛勤劳动，是一种勤奋和毅力的表现，是指需要展现出的耐心、毅力以及刻苦钻研的精神。辛勤劳动意味着以高度的责任心和执行力，努力完成工作任务，不怕辛苦和困难。在学习和工作中，应该坚持辛勤劳动的原则，克服困难和挑战，不断提高自己的劳动技能和素质。

诚实劳动是一种高尚的道德情操，需要个体具备高度的责任感和自律精神。诚实劳动意味着注重诚信和公正，在工作中保持真诚、正直和透明。诚实劳动不仅是对别人负责，也是对自己负责的表现。在工作中，要践行诚实劳动的品格，遵守职业道德和职业规范，具有诚信为本、遵守工作纪律、诚实守信等良好工作习惯，坚持诚实守信、真诚合作的原则。

学思并进

日出而作、日落而息，这是千百年来劳动者的朴素日常。随着移动互联网兴起，互联网经济蓬勃发展并与传统行业互动融合，催生了新的就业形态，数字信息化让劳动者与生产资料实现互动，网络平台与实体生产灵动协作，快递员、送餐员、网约车司机、网络写手、网络主播等新就业形态劳动者迎着新时代的曙光走上自己的舞台。全国五一劳动奖章获得者宋增光是首位获此殊荣的外卖骑手，他从事外卖送餐行业七年，一路从一线骑手成长为基层管理人员，他的追梦之旅既见证了"三新"经济的蓬勃发展，也代表了社会对新就业形态劳动者的认可。

来源：央广网纪录片《在奋斗》 有删改

结合材料请思考：新就业形态下的劳动者展现了怎样的精神风貌？

（三）工匠精神

内容延伸

　　《考工记》中记述："知者创物，巧者述之守之，世谓之工。百工之事，皆圣人之作也……烁金以为刃，凝土以为器，作车以行陆，作舟以行水，此皆圣人所作也。"造物是工匠的职责，精湛的技艺是工匠的立足之本。神乎其技的鲁班，"游刃有余"的庖丁，"我亦无他，惟手熟尔"的卖油翁……这些人都是古代能工巧匠的典范。

　　工匠精神的内涵是"执着专注、精益求精、一丝不苟、追求卓越"。其中，"执着专注"是精神状态，是时间上的坚持、精神上的聚焦；"精益求精"是品质追求，是质量上的完美、技术上的极致；"一丝不苟"是自我要求，是细节上的坚守、态度上的严谨；"追求卓越"是理想信念，是理想上的远大、信念上的高远。工匠精神既体现了敬业之美的精神原色，又表现了创造之美的品质追求，更展现了追求之美的价值升华。①

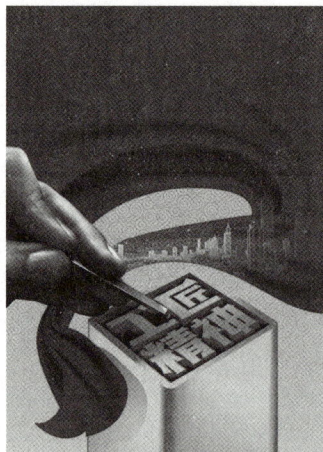

　　执着专注，是工匠的本分，是指对自己从事的工作充满热情，并且全身心地投入工作中去。不断探索工作中的难题，寻找解决问题的方法，不放弃任何一个机会来提高自己的技能和专业水平。工匠始于学徒、技工，选择了某个行当，就应沉潜下来，不能心猿意马，耐得住寂寞，干实事、细事、小事，在一个领域精雕细琢、精耕细作。许多优秀工匠短则十几年、长则几十年专注于一项技艺或一个岗位，经过持续不断地磨炼，才最终获得卓越的成就。

　　精益求精，是工匠的追求。不骄傲、不满足、不凑合。精益求精的精神不仅反映在产品制作上，也体现在工人对技术的追求上，不断学习知识、磨炼技能、精进技艺、追求极致，不满足于现有的技术水平和产品品质，不断地探索新的工艺和创新，力求达到更高的标准和更好的效果。精益求精是大国工匠共有的精神气质，正是因为追求完美，才让他们不断超越自我。

　　一丝不苟，是工匠的作风。一丝不苟的精神突出表现在注重细节上，在工匠的眼里，打造的产品一点也不能差，在细节中打磨出高品质。不放过任何一个细节，不忽视

---

① 劳模精神劳动精神工匠精神的内涵及关系（中国社会科学网）。

任何一个细微之处，一丝不苟、倾注匠心，才能创造出巧夺天工的精品。工匠必须具有严谨的态度，必不能造伪器。每一项具体技术的研究开发与应用扩散，往往都具有严格的规程和标准，来不得半点马虎。工匠们每一次打造产品都会认真对待，决不会因为"手熟"就粗心大意，愈认真愈熟练，愈熟练也愈认真。

追求卓越，是工匠的使命。他们始终保持一种追求卓越的态度。他们不满足于现状，总是在不断地挑战自己和创新，以达到更高的目标和更好的效果。他们坚信只有在追求卓越的道路上，才能不断提高自己的技能与水平。很多大国工匠不惜花费大量时间和精力，努力把产品品质从 99% 提升 99.9%，再提升到 99.99%，向更高、更好、更精的方向努力。

学思并进

曾纪云是中车资阳机车有限公司电力机车调试班工人，也是一名资深技能专家。13 年来，曾纪云跟随中车的机车产品跨越南北、征战东西，足迹遍布全国多个机务段。他长期负责电力机车工序校线、多环节工艺优化革新和后期保障工作。2024 年 1 月 19 日，他被评为第四届"四川工匠"。从事机车调试 13 年，经曾纪云调试的机车已达 200 余台节，合格率达 99%。他恪守原则、持续提升业务水平，不断提高机车产品质量，在调试工作中积累和总结了许多的工作方法，多次获得公司"技术能手""劳动模范""车城工匠"以及"中国中车技术标兵""火车头奖章"等荣誉称号。

来源：资阳融媒体中心

请结合材料思考：学习劳动模范曾纪云的先进事迹，你有何收获？

二、弘扬伟大精神的时代意义

（一）精神引擎　激发奋斗动力

劳模精神、劳动精神、工匠精神是中国共产党人伟大精神谱系的重要内容，是鼓舞全党全国各族人民风雨无阻、勇敢前进的强大精神动力。[1] 劳动精神，作为人类最古老也最持久的精神力量，是推动历史车轮滚滚向前的原动力。在当今这个充满变革与挑战的时

---

[1] 《思想政治工作研究》：推进中国式现代化要大力弘扬劳模精神、劳动精神、工匠精神。

代，它更显得尤为珍贵。劳动精神是一种工作态度或生活方式，更是一种深层次的精神追求和自我实现的过程。它激发的是个体的奋斗意志，是整个社会的创新活力和发展动力。

劳动精神鼓励人们对超越物质利益的追求，转向对自我价值和社会贡献的更高追求。这种精神力量能够穿透表面的浮躁与功利，直达人性的深处，唤醒人们内在的潜能和创造力。它让人们明白，真正的幸福和满足来自对工作的热爱和投入，来自对社会的贡献和担当。

（二）价值灯塔　引领时代前行

弘扬社会主义核心价值观，为中国式现代化明确价值定位。劳模精神、劳动精神、工匠精神是以爱国主义为核心的民族精神和以改革创新为核心的时代精神的生动体现，生动诠释了社会主义核心价值观，为中国式现代化明确价值定位。[①] 伟大劳动精神不仅具有个体激励作用，更是一种重要的社会价值导向。它所蕴含的勤奋、敬业、创新等核心价值观念，是人类社会进步的重要基石。在当前社会思潮纷呈的背景下，弘扬伟大劳动精神能够引领社会风尚，塑造积极向上的时代精神。

这种价值导向能够让人们明确自己的奋斗目标和价值追求，在社会实践中保持正确的方向。它鼓励人们通过诚实劳动和创造性工作来实现自己的价值和梦想，推动社会的和谐与发展。这种价值灯塔的作用不仅在于引领个体的行为选择，更在于塑造整个社会的道德风貌和文化氛围。

学思并进

在四川省达州市宣汉县城的主干道上，一辆印有"劳动最光荣、劳动最崇高、劳动最伟大、劳动最美丽"宣传标语的"劳模工匠号"主题公交车在忙碌穿梭着。该公交车以红色为主色调，车头醒目位置喷绘了"劳模工匠号"标识，车身两侧及车尾有劳动者主题喷绘。车内吊环拉手上有全县各级劳模代表先进人物头像及事迹介绍，两侧顶部及每个桌椅背后印有体现"劳模精神、劳动精神和工匠精神"方面的文字。整辆车主题鲜明，细节得体，使公交车摇身一变成为"劳模精神流动学习课堂"。

来源：宣汉县融媒体中心《达州宣汉：弘扬劳模精神 让劳模更实惠》

结合材料，谈一谈你还知道哪些弘扬劳模精神、劳动精神、工匠精神的途径。

---

① 《思想政治工作研究》：推进中国式现代化要大力弘扬劳模精神、劳动精神、工匠精神。

第2章　劳动精神能量加油站

一、看齐榜样　追求卓越

看齐榜样，追求卓越，这既是时代的召唤，也是每个人内心深处的渴望。在飞速发展的社会中，劳动模范和先进典型如同璀璨的星辰，照亮我们前行的道路。学习他们不仅是简单的模仿或表面的敬仰，更是一场深刻的心灵触动和行动变革。

（一）学习劳模　致敬榜样

劳动模范在经济社会发展中做出了巨大贡献，是劳动者的榜样；广大劳模铸就的劳模精神，生动诠释了中国人民具有的伟大创造精神、伟大奋斗精神、伟大团结精神、伟大梦想精神，为劳动者提供精神甘泉。每一个劳动者都应自觉地向书本学习，向劳动模范学习，致敬劳模、传承精神，近距离接触劳动模范、感受劳模精神、聆听劳动故事、观摩精湛技艺，以劳动模范和先进工作者的崇高精神和高尚品格为给养，提升内生动力。

学习劳模，就是要深入到他们的工作和生活中去，用心感受那份对职业的热爱和对工作的执着。劳动模范们往往在平凡的岗位上做出了不平凡的贡献，他们用实际行动诠释了什么是责任、什么是担当。劳动模范是时代的标杆，他们以卓越的劳动创造、忘我的拼搏奉献，谱写了一曲曲感人至深的劳动赞歌。我们应该深入了解他们的奋斗历程和成功经验，从中汲取智慧和力量。

通过各种渠道了解劳模的故事，比如，实地参观他们的工作环境、与他们面对面交流、阅读关于他们的报道等。在这些过程中，关注他们取得的成就，更要关注他们背后的付出和努力，以及那份始终如一的初心和使命。只有这样，才能真正理解劳模精神的内涵和价值，才能将其转化为自己前进的动力和源泉。

（二）对标先进 勇攀高峰

对标先进，勇攀高峰，以更加开放的心态和更加积极的姿态去面对学习和挑战。要敢于正视自己的不足和差距，勇于向行业内的领军企业、先进个人等先进典型看齐。通过对标学习，及时发现自己的短板和弱项，制定有针对性的改进措施和提升计划。在这个过程中，学习先进的知识和技能，学习他们勇于创新、追求卓越的精神品质。

通过研究先进们的成功经验、学习先进理念和技术手段、借鉴管理模式和创新机制等方式，不断提升自己的专业素养和综合能力。要保持一颗谦卑的心，虚心向先进们请教、学习，不断吸收新的知识和营养。在这个过程中，关注自己的成长和进步，关注团队的发展和壮大，努力成为推动行业进步和社会发展的重要力量。

知行合一

在各个历史时期，广大劳模以高度的主人翁责任感、卓越的劳动创造、忘我的拼搏奉献，谱写出一曲曲可歌可泣的动人赞歌，为全国各族人民树立了光辉的学习榜样。不同年代的劳模有如下代表人物。

在革命战争年代，"边区工人一面旗帜"赵占魁、"兵工事业开拓者"吴运铎、"新劳动运动旗手"甄荣典等劳动模范。

新中国成立后，"高炉卫士"孟泰、"铁人"王进喜、"两弹元勋"邓稼先、"知识分子的杰出代表"蒋筑英、"宁肯一人脏、换来万人净"的时传祥等一大批先进模范。

在改革开放历史新时期，"蓝领专家"孔祥瑞、"金牌工人"窦铁成、"新时期铁人"王启明、"新时代雷锋"徐虎、"知识工人"邓建军、"马班邮路"王顺友、"白衣圣人"吴登云、"中国航空发动机之父"吴大观等一大批劳动模范和先进工作者。

进入新时代以来，"铁路小巨人"巨晓林、"桥吊状元"竺士杰、"金牌焊工"高凤林、"禁区勇士"胡洪炜、"当代愚公"黄大发、"深海钳工第一人"管延安、"大眼睛天使"陈贞、"贫困群众的亲闺女"刘双燕、"九天揽星人"孙泽洲等一大批先进模范人物。

来源：《人民日报·必须大力弘扬劳模精神、发挥劳模作用——论中国共产党人的精神谱系之十九》

一代人有一代人的使命。不同时代的劳模，给了今天的我们怎样的启迪？结合材料，开展"劳模故事我来讲"主题分享活动。

二、砥砺初心　铸就匠心

（一）坚守初心　苦干实干

高素质的产业、技术工人队伍是支撑中国制造、中国创造的基础，对推动经济、社会高质量发展具有重要作用。大国崛起需要制造业发挥作用，我国为实现制造强国的目标，需要培养更多高素质的产业劳动者。无论在传统制造还是现代智能制造领域，工匠始终是中国制造业的中坚力量。工匠们的守正创新、追求卓越是我国从"中国制造"走向"中国智造"，从"富起来"走向"强起来"的必要支撑。

"社会主义是干出来的"，实干是最质朴的社会主义现代化建设方法论。社会主义现代化事业从蓝图绘就到具体实施，是一项极其宏大的社会系统工程，需要几代人、十几代人乃至几十代人接力奋斗。

职业院校的学生作为工匠队伍中的主力军，应坚守服务好我国制造业发展的初心，将精神力量落实到实际学习、工作中，在实践中体悟劳动精神，用苦干实干诠释劳模精神。密切关注行业、产业前沿知识和技术进展，勤学苦练、深入钻研，不断提高技术技能水平，形成正确的劳动价值观，养成积极的劳动态度和优良的劳动品德，最终成长为担当民族复兴大任的时代新人。

内容延伸

2024年1月，第四届"四川工匠"命名大会在成都召开。本届命名的"四川工匠"共200名，被选出的工匠普遍长期深耕于四川省经济建设主战场，其中74%的工匠从事电子信息、装备制造、食品轻纺、能源化工、先进材料和医药健康六大优势产业，19%的工匠从事其他行业领域，行业范围点面结合、覆盖广泛。他们个个身怀绝技、技艺超群，堪称行业领军人物。

从年龄上看，以中青年人才为主。据统计，工匠平均年龄46岁，30～49岁的中青年人员占比66.5%，50岁及以上人员占比33.5%。其中，年龄最大的76岁，最小的30岁，可见"四川工匠"活动年龄跨度大，影响范围广泛。

工匠普遍都具有某项专业技术或技能，其中技能类人才占比41.5%，技术类人才占比27%，双师类人才占比20.5%，非遗等弘扬中华传统文化类人才占比11%，可见高技艺人才占比较高，也从侧面展现出了传统与科技、传承与创新竞相发展的良好局面。

来源：封面新闻

（二）磨砺匠心　精益求精

坚定"执一事，终一生"的信念。现如今，经济提升迅猛、社会发展转型、生活节奏加快，"一生只做一件事"的坚守，"滴水定能穿石"的信念在浮躁的大环境下显得尤为珍贵。传承工匠精神，恰能"对症下药"，戒除"短平快"式心浮气躁，让"高精尖"成为理所当然。[①]

付诸"钻一行，精一行"的努力。"台上一分钟，台下十年功"，要想成为行家里手，除了时间，还需要付出努力。各行各业的工作人员都应具备工匠精神，立足本职工作，以敬畏之心对待工作，尽心竭力，练就专业能力和专业素养。[②]

成就"工一技，匠一心"的品质。中国特色社会主义进入了新时代，我国社会主要矛盾已经转化为人民日益增长的美好生活需要和不平衡不充分的发展之间的矛盾。"品质精神"是工匠精神的"根"与"魂"，在新时代大力弘扬、传承工匠精神，以卓越引领方向，以创新推动发展，不断满足人民群众对于美好生活、美好事物的向往。[③]

知行合一

在我国装备制造、人工智能、水利、电力、冶炼、文物保护等各行各业的生产一线，涌现出一批批埋头苦干的大国工匠。从一枚螺丝钉的打磨，到一个焊点的焊接，再到精确至毫米级的工艺，每一个小环节里都蕴藏大学问，都能做出大成果。大国工匠们正是在一道道工序、一个个试验的钻研打磨中成就了自己一生的事业，努力书写着中国"智"造的光辉图景。他们的精神值得弘扬、值得学习。

各行各业大国工匠的不断涌现，离不开我国职业教育的快速发展。经过多年努力，我国已建成世界规模最大的职业教育体系，拥有上万所职业学校，中高职学校每年培养 1 000 万左右不同类型的高素质技术技能人才。目前，我国技能人才总量

①②③　齐鲁网·闪电新闻客户端《传承、践行新时代"工匠精神"，凝聚起民族复兴的磅礴力量》。

超过 2 亿人，高技能人才超过 6 000 万人。但与加快培育新质生产力、扎实推动高质量发展对技能人才的需求相比，现有技能人才总量仍然不足，还存在技能人才的供需矛盾。

来源：央广网《发展好职业教育 把大国工匠一批批培养出来》

结合材料，联系自身所学及相关专业，找寻职教领域的大国工匠，开展大国工匠采访主题活动。

能力篇：锻炼能力 掌握劳动之技

　　劳动者素质对一个国家、一个民族的发展至关重要。技术工人队伍是支撑中国制造、中国创造的重要基础，对推动经济高质量发展具有重要作用。新时代呼唤更多高素质技术技能人才、能工巧匠、大国工匠。劳动能力是个人在劳动中发挥自己职业技能和才能的能力，包括体力、智力和心理等方面的能力。锻炼劳动能力，学习并掌握各类技能，对于个人提升职业素养，社会提高生产力，推动经济发展具有重要意义。

　　基本的劳动技能你掌握多少？如何开展合作性劳动和创造性劳动，提升合作技巧和创造本领？学习本专题，我们将掌握家庭劳动、校园劳动、职业劳动应具备的劳动技能及提升策略，积极参与家庭劳动、学校劳动和社会劳动，在具体劳动实践中学会合作，懂得创造，提升技能，为自己未来的职业生涯打下坚实基础。

第1章　劳动技能 展现风采

一、基本的劳动技能你掌握多少

问启新知

我家有请保洁人员，他们比我们专业，做得可干净了！

我妈说，我的任务是学习，不用做家务。

要充分使用工具，洗碗机、洗地机、擦窗机器人、炒菜机，以后还会有智能保姆。解放双手，解放自己！

结合以上观点，谈一谈你关于做家务的看法？

（一）家庭劳动技能

　　家务是在家庭中进行的各种日常劳动，主要包括清洁与卫生、收纳与整理、烹饪与营养、家用电器的使用及维护等方面，"洒扫、应对、进退"，这是古代家庭教育的一贯传统。正如"一屋不扫，何以扫天下"的古训，体现了"虽小道，必有可观者焉"的哲学思想。掌握家庭劳动技能，可以提高生活效率，帮助形成家务劳动带来的秩序感，提升规则养成意识、自我管控能力，促进健康人格和良好习惯的形成。

　　掌握基本清洁与卫生技能。清洁与卫生是家庭日常维护的基础工作，通过去除环境中的灰尘、污垢、细菌和其他污染物等，维持一个干净、整洁的居住空间。学会使用恰当的工具和清洁剂，清除居室的灰尘和垃圾。特别注意"一上""一下""一角落"

等容易忽视的地方："一上"通常指高于自己视线的地方，如门顶、吊柜、冰箱顶、空调等地；"一下"通常指床、沙发等家具下方及墙裙等地；"一角落"通常指门缝、墙角、抽屉边角等地。按照从房间的最远端开始，从上到下、从里到外的顺序进行擦拭和清扫。

掌握基本整理与收纳技能。对家中各类物品进行归类整理和有序存放是提升家居整洁度的关键步骤。掌握"分类收纳""表面整理收纳""内部整理收纳"等相关原则和技巧，结合个人生活习惯和物品的使用频率，合理归类并妥善放置，可以避免家居空间的杂乱无章，让居住环境更加清爽宜人。衣物的折叠与分类是节省衣柜空间并保持衣物形状的有效方法，学习掌握T恤、长裤和外套、内衣小件等不同衣物的折叠技巧，使它们能够整齐叠放，便于存取。根据季节、颜色或穿着频率对衣物进行分类存放，让衣柜或储物箱内的空间得到最大化利用。将书籍、玩具、厨房用具等物品有序归类，并使用标签或收纳盒进行清晰标识，既方便查找又美观实用。定期清理不再需要的物品，有助于保持家居环境的简洁与舒适。

拓展链接

随着中国城市化水平不断提高，人们收入稳步增长以及生活观念转变，整理收纳师这个职业被越来越多的人熟识。2021年人社部公示的新职业目录中，"整理收纳师"被纳入"家政服务员"类别。根据《2021年中国整理行业白皮书》调查数据，目前国内接受过职业整理收纳师培训的总人数超1.8万人，2020—2021年全国新增职业整理收纳师9 800多人。

掌握基本烹饪与营养技能。烹饪技能是满足日常饮食需求的基础，选择新鲜而卫生的食材，掌握不同食材的处理方法，选择适合的烹饪方式，进行科学的膳食搭配。学会基本烹饪技能，能够提升动手能力，培养耐心和细心的品质；学会准备营养均衡、口感美味的餐食，能够满足身体对营养的需求，带来舌尖上的享受，提升生活的幸福感；学会与家人共同承担烹饪任务，增进家庭成员之间的沟通与协作，传递出对家人的关爱和温暖，让家庭更加亲密和谐。学习烹饪技能，能够传承和弘扬饮食文化，感受到丰富多彩的文化饮食及其深厚底蕴。

内容延伸

荷兰的一项营养学教育和行为研究证实了这一做法的可行性。研究人员让125名10～12岁孩子观看专为儿童设计的10分钟电视烹饪节目，并为他们提供不同种类的点心做奖励。观看健康饮食内容的儿童，相较观看其他内容的儿童，更倾向于选择健康的零食，如苹果或黄瓜片。研究结果提示家长们，烹饪过程或可成为调整儿童对食物态度及行为变化的方式。

中国注册营养师陈彩霞认为，烹饪过程中与孩子共同挑选健康食材和健康烹调方式，确实有利于培养孩子健康的饮食观。一方面，教孩子做饭可以促进亲子关系，一起完成一餐的制作，孩子能从中得到满足，令自信心大增。另一方面，做饭时，家长可以跟孩子探讨"吃的学问"，比如，制作菜肴的风味、地域及特色，如何做才能更健康可口等。

来源：《生命时报·从小进厨房，健康饮食观》

掌握家用器具的使用和维护技能。正确使用家庭常用小电器，如吹风机、吸尘器等，完成劳动任务。通过阅读产品说明书，了解家庭常用电器，如电视机、电冰箱、洗衣机、电风扇、空调等的功能特点，例如，使用洗衣机的不同功能洗涤不同材质的衣物；使用电饭煲的蒸、煮、炖等各项功能满足不同食品的制作。了解家庭常用电器的基本结构、工作原理和保养方法。掌握基本操作方法，根据需求选择使用功能，规范、安全地操作。用螺丝刀、扳手等工具对家用电器进行简单的拆卸、清理、维修等。空调滤网清洗，饮水机清洗、消毒，家用摄像头安装，路由器更换等家用电器小故障的判断与维修等。

家庭劳动项目表如表1所示。

表1　家庭劳动项目表

类别	任务群	劳动项目	实施建议
日常家庭生活劳动	清洁与卫生	洗涤个人物品	正确洗涤及晾晒个人物品，如丝绸、羽绒服等不同材质衣物，床单、窗帘等大件物品
		设计自我形象	结合职业、身份、场合，设计自我形象，如妆发服饰搭配、形体礼仪改进等

类别	任务群	劳动项目	实施建议
日常家庭生活劳动	整理与收纳	系统收纳物品	系统收纳物品，如科学合理规划与收纳衣柜、书柜、橱柜物品
		美化生活环境	运用相关知识或技巧对生活环境进行美化，如对寝室、房间进行美化设计并动手改造
		注重膳食营养	根据营养需要，制定个人健康饮食计划，如营养早餐、晚餐、节假日餐等
		策划聚会餐食	根据规模、人员组成，策划聚会餐食，如选择聚餐地点、订餐、配餐等
	烹饪与营养	烹饪节日家宴	为节日聚会制作家宴，如年夜饭、中秋团圆宴、生日宴等，或者是四川火锅、汤锅的策划、准备和制作
	生活事务管理	处理个人事务	中职阶段要学会处理个人事务，高职阶段要能够独立处理个人事务，如独立安排自己的生活、建立良好的师生与朋友关系
		承担家庭事务	中职阶段要尝试承担家庭事务，高职阶段要能够承担家庭事务，如照顾老弱幼小、拟订家庭出游计划等

（二）校园劳动技能

校园劳动技能的掌握，对学生来说，关乎个人生活自理能力的提升，是培养责任感、团队协作精神和环保意识的重要途径。在教室、寝室和校园环境中，每一项劳动技能的运用都承载着深远的教育意义。

在教室劳动中，清扫地面、擦洗黑板和课桌，维护一个整洁的学习环境，培养对公共空间尊重与爱护的态度。通过协助老师整理教学用具，学会如何为高效学习提供物质保障，在潜移默化中提升了自己的条理性和前瞻性。

清扫不仅是物理层面的清洁，更是心灵的净化。学生在清扫教室时，可以体会到"扫除心垢"的意境，培养内心的宁静与专注。整理教室的过程是自我反省、自我调整的过程，体现了儒家"慎独"的思想，即在没有人监督的情况下，依然能够保持自律，维护环境的整洁与秩序。

教室劳动项目表如表2所示。

表 2　教室劳动项目表

劳动项目	劳动要求	教室劳动所需要的工具
教室地面	干净，无积水、果皮、纸屑等脏物，墙面上无乱涂乱画，无脚印、球印等污迹	扫帚、拖把、清水、簸箕
黑板	黑板、讲台干净，无灰尘、杂物或脏物，黑板导槽无粉尘	黑板擦、清水、抹布
桌椅	课桌椅干净且摆放整齐，抽屉内无杂物	抹布、清水
窗台	所有玻璃窗内外两面要求干净、明亮，窗台无脏物；窗户导轨清洁无污垢，考虑到学生安全，其他窗户玻璃只要求学生将站在地面能够到的地方擦干净、明亮，窗台无杂物即可；门上无灰尘印迹，室内无蜘蛛网，墙上无不规范粘贴现象	玻璃清洁剂、玻璃刮水器、干布、纸等
多媒体设备	针对多媒体设备、显示屏上的灰尘进行轻轻擦拭	纯棉无纺布

　　寝室劳动涉及个人生活习惯的养成。整理床铺、清洗个人物品，看似简单的日常琐事，实则是培养学生独立生活能力和自我管理意识的基础。在这个过程中，需要学会合理规划个人空间，掌握基本的清洁和整理技巧。通过长期的坚持和实践，这些良好的生活习惯将逐渐内化为行为准则，伴随同学们走向未来的生活和职场。

　　寝室劳动项目表如表 3 所示。

表 3　寝室劳动项目表

劳动项目	劳动要求
基本卫生	1. 劳动工具统一放到阳台，纸篓可以放门口
	2. 地面干净无污染、无脏物
	3. 地面上物品摆放整齐
	4. 宿舍内不悬挂衣物，鞋子摆放整齐
	5. 墙面贴画以充实为主，不宜过多，避免花哨
	6. 室内不允许乱接电线及存放大功率电器
	7. 天花板及墙面无蜘蛛网，灯管、灯罩无灰尘
	8. 门、窗、墙干净无污物，无乱涂乱画现象

续表

劳动项目	劳动要求
床铺	1. 床下无杂物，鞋子摆放整齐
	2. 床单干净、整齐，无折纹现象
	3. 被子叠放整齐、规范，蚊帐统一挂放
	4. 床上无杂物，空床整洁
书桌	1. 桌面整洁，第一层不摆放任何东西（除台灯）
	2. 凳、椅干净，摆放整齐
	3. 桌面上所摆放的物品整洁有序
	4. 无恶意破坏现象
中层文化	整体设施布局有序
深层文化	体现寝室特色（专业特色、寝室文化），具有人文气息
创新设计	彰显寝室个性，视角良好，有创意

　　校园环境劳动提供了一个参与公共事务、培养社会责任感的平台。在清扫公共区域、维护绿化设施的过程中，为校园的整洁和美观贡献力量，通过实际行动践行环保理念，提升对自然环境的敬畏和爱护之心。为了有效参与这些活动，需要了解环保知识，学习垃圾分类和回收的方法，并在实践中不断增强自己的环保意识和行动力。

　　校园劳动技能的掌握关乎学生的个人成长和生活自理能力的提升，是培养他们责任感、团队协作精神和环保意识的重要途径。为了有效掌握这些技能，需要在实践中不断学习、磨炼和提升自己。

　　校园劳动项目表如表4所示。

表4　校园劳动项目表

劳动项目	劳动要求	所需工具
地面	打扫干净，无积水、果皮、纸屑等脏物，墙面上无乱涂乱画，无脚印、球印等污迹	扫帚、拖把、清水、簸箕
扶梯	可先用抹布进行清洁，再用消毒水进行杀菌消毒，楼梯栏杆及底部也应如此清洁	抹布、消毒水

续表

劳动项目	劳动要求	所需工具
窗户、玻璃	所有玻璃窗内外两面要求干净、明亮，窗台无脏物；窗户导轨清洁无污垢，考虑到学生安全，其他窗户玻璃只要求学生将站在地面能够到的地方擦干净、明亮，窗台无杂物即可；门上无灰尘印迹，室内无蜘蛛网，墙上无不规范粘贴现象	玻璃清洁剂、玻璃刮水器、干布、纸等
墙壁	墙壁上的污渍用抹布或是砂纸进行擦拭，对于瓷砖上的污渍用抹布清洁，墙角的蜘蛛网用扫帚进行清理	砂纸、扫帚、抹布
绿植区	日常校园清洁时，应注意使用夹子将其中的垃圾夹出，及时清理杂草	铁夹、扫把、簸箕

（三）职业劳动技能

职业劳动是指个人在社会分工体系中所从事的、以获得报酬为主要目的、具有相对稳定性和专业性的劳动。职业劳动具有专业性、经济性等特点。职业劳动是社会分工的产物，存在于特定的社会经济环境中，职业劳动彼此间相互关联、相互影响。职业劳动是个人获取生活资料的主要途径，同时也是社会财富创造的重要源泉。职业劳动要求从业者具备特定的知识、技能和经验，以胜任相应的工作要求。这种专业性是职业劳动区别于其他非职业劳动的重要特征。

根据国民经济产业的划分，职业劳动可以分为第一产业（农业、林业、牧业等）、第二产业（工业、建筑业等）和第三产业（服务业、商业等）中的劳动。这种分类方式有助于了解职业劳动在不同产业中的分布和贡献。

中职生农业生产劳动项目实践表如表5所示。

表5　中职生农业生产劳动项目实践表

类别	任务群	劳动项目	实施建议
农业生产劳动	传统生产劳动形态变迁方面	从传统农耕经验与技术、传统农具、传统农业生产制度、传统农耕信仰和仪式、相关农耕文学和艺术形式等角度了解传统农业形态	了解不同历史发展阶段农业生产劳动形态的变化及其对社会和人民的生产、生活、文化、教育等活动的根本性变革力量与作用

类别	任务群	劳动项目	实施建议
农业生产劳动	传统生产劳动形态变迁方面	从农作物种植、花草树木栽培、动物饲养三个领域中分别选出一种或几种农业生产劳动形式，如稻米种植、茶叶栽培、羊的饲养等，呈现农业生产领域人类生产生活轨迹及其变迁路径	通过历史讲解，博物馆、农业馆参观，多媒体技术重现，全面深入地了解最常见农产品的演变历程及其对人民生活和农耕文化的巨大推动作用
	现实劳动实践方面	从农作物种植、花草树木栽培以及小动物养殖等劳动形式实现实践全过程	可通过家里种植、栽培、饲养，或是参与学校耕读园等活动，全程参与，亲历完整的劳动过程，如在植物种植中应尽量参与选种、犁地、播种、施肥、浇灌、除虫、收获的全过程
	创新农业生产劳动方面	通过参观或观看视频资料等形式，感受农业高科技劳动场所和设施设备	有条件的情况下，亲临现场参观感受；如有机会实操，在操作之前已经深刻掌握了其本质和原理，并在实操中认真观察、记录、反思，根据实际进展进行符合科学规律的探索与创新。无条件实操及亲临感受的，可通过查阅资料，了解、感受

中职生工业生产劳动项目实践表如表6所示。

表6 中职生工业生产劳动项目实践表

类别	任务群	劳动项目	实施建议
工业生产劳动	参观体验	参观当地的工业生产活动场地	通过参观感受工业生产劳动，了解其类型特点以及相应的岗位技能要求
	实践工业	见习、实训、实习	在专业学习、生产实习中结合专业特点安排对口劳动，如专业见习、专业实训、顶岗实习等
		参与比赛	参加各级各类技能大赛，加入大师工作室当学徒等
		动手体验将原料制成成品	例如，进料、设计、制作完成一些简单的手工制品，体验其制作的过程

续表

类别	任务群	劳动项目	实施建议
工业生产劳动	新技术体	新技术的体验与感受	通过参观感受当前工业先进技术，了解其应用原理
		新工艺的应用	探索新技术的发明与创造，如结合自身专业，开展课外学术科技工作，设计和发明新技术。结合自身专业实际开展科技发明制作，形成物化产品，并与社会、企业合作将发明予以推广
	传统工艺的体验与制作	传统工艺的体验与感受	通过参观博物馆、传统工艺人物访谈、实地考察等形式，了解传统工艺的技术、历史、文化等
		制作传统工艺	以专业技能和特长为依托，第一课堂、第二课堂以及"三下乡"等社会实践方式结合，制作一些简单的传统工艺品，感受制作过程

按照职业的性质和特点，可以将职业劳动分为生产性劳动和服务性劳动。生产性劳动主要创造物质财富，如制造业工人、农民等从事的劳动；服务性劳动则主要提供劳务服务，如教师、医生、服务员等从事的劳动。这种分类方式有助于理解职业劳动在经济发展和社会生活中的不同作用。

随着科技的不断进步和全球经济的深度融合，职业劳动面临着诸多发展趋势和挑战。一方面，新兴行业和职业不断涌现，为从业者提供了更多的就业机会和发展空间；另一方面，传统行业和职业可能面临衰退或转型的压力，要求从业者不断提升自身技能和适应能力以应对变革。全球化竞争和劳动力市场的不确定性也给职业劳动带来了诸多挑战和风险。

从事职业劳动需要掌握多方面的技能，包括基础学术技能、专业技术技能、沟通和人际交往技能、问题解决和批判性思维技能、组织和管理技能以及职业道德和职业操守。这些技能共同构成了职业人士成功的基石。

基础学术技能包括阅读理解能力以获取和解读信息，写作能力以清晰表达思想和观点，数学和科学技能以处理数据和解决问题。这些技能在日常工作中无处不在，对于提高工作效率和质量至关重要。

专业技术技能是特定职业所必需的。例如，在制造业中，操作机器和工具的技能、对产品质量和生产流程的理解是不可或缺的。而在服务业中，如酒店管理或金融咨询，专业知识和对特定行业的了解则是提供高质量服务的关键。

沟通和人际交往技能同样重要。无论是与同事合作，还是与客户交流，都需要清晰、准确地传达信息，倾听和理解他人的需求。这种技能有助于建立良好的工作关系，提高团队协作效率，增强客户满意度。问题解决和批判性思维技能在应对复杂工作场景时显得尤为宝贵。具备这些技能的员工能够独立思考，分析问题本质，并提出有效的解决方案。他们还能对不同来源的信息进行批判性评估，做出明智的决策。

在快节奏的工作环境中，组织和管理技能显得尤为重要，这包括时间管理、任务分配、优先级设定以及团队协调等多个方面。具备这些技能的员工能够高效地处理工作任务，确保项目按时完成，并在必要时领导团队应对挑战。

二、提升劳动技能的必要性

（一）自立生存 习得生计

提升劳动技能是自立生存的基础。在现代社会，无论是从事物质生产还是提供服务，都需要具备一定的专业技能和知识。这些技能是获得工作机会的敲门砖，是保障个人稳定收入来源的关键。通过学习和实践掌握一技之长，个人能够更好地立足于社会，在实现自我价值的同时，为家庭和社会做出贡献。

掌握一技之长能为个人带来成就感和满足感，提升生活品质。每个人都有自己的职业梦想和追求，实现梦想的基础就是具备相应的技能。通过学习和实践，不断提升自己的劳动技能，可以让个人在职业道路上走得更远，实现更高的自我价值。

学思并进

理线、穿针、落针，手指翻飞间，一幅美丽的彝族刺绣逐渐成形。在第二届全国乡村振兴职业技能大赛乡村工匠技能技艺展示交流区，彝族服饰省级代表性传承人丁兰英现场制作彝族刺绣，令观众大开眼界。丁兰英8岁开始学刺绣，2014年返乡成立刺绣加工厂，带动当地群众实现居家就业、就近就业。在乡村全面振兴主战场，越来越多的农民端起"技能碗"，吃上"手艺饭"。

对乡村全面振兴而言，农业农村技能人才是一个"慢变量"。高技能人才的培养，可能并不会立即产生效益，但其带来的红利，将会是持久且巨大的。一个人带动一群人，打造一个品牌，带活一个产业，致富一方百姓……一个个案例告诉我们，推进乡村全面振兴，有必要加快打造高水平的农业农村技能人才队伍。

来源：《人民日报·激发技能人才这个"慢变量"》

结合材料，查找相关资料，分享一下你知道的农业技术技能人才案例。

（二）顺应时变　适应发展

在智能化时代背景下，提升劳动技能愈发重要，它是个人职业发展的关键，是适应社会变革、实现自我价值的必由之路。随着智能化技术的普及，传统岗位不断被机器和算法所取代，职场竞争愈发激烈。只有具备高度专业技能和跨学科知识的劳动者，才能在竞争中脱颖而出，赢得更好的职业机会。提升劳动技能，意味着增强自己的不可替代性，为职业生涯发展奠定坚实基础。

提升劳动技能是顺应时代变化、适应社会发展的必然要求。当今社会正处于一个快速变革的时代，新技术、新产业、新业态层出不穷，对劳动者的素质和能力提出了更高的要求。只有不断提升自己的劳动技能，才能跟上时代发展的步伐，抓住新机遇，应对新挑战。一个技能水平高、创新能力强的劳动力队伍，是推动经济转型升级、实现高质量发展的重要力量。

内容延伸

技能人才是我国人才队伍的重要组成部分，承担着将设计蓝图转化为产业现实的重要任务。人力资源和社会保障部数据显示，目前，全国技能人才总量超过 2 亿人，其中高技能人才超过 6 000 万人。这一群体，活跃在生产制造领域最前沿。

现代化产业体系智能化、绿色化和融合化发展水平的持续提升带来了生产设施的升级、产业技术的革新和生产方式的变革，这要求技能人才既要具有精湛的操作能力，能够熟练运用高端设备进行生产加工，又应具有学习适应能力，在面对新技术新业态新模式时，能够快速适应和融入。同时，他们还要具有技术创新能力，能够改进生产流程、完善生产工艺，解决生产过程中的新问题。面对新形势和新需求，中共中央办公厅、国务院办公厅于 2022 年印发《关于加强新时代高技能人才队伍建设的意见》，要求以服务发展、稳定就业为导向，全面实施"技能中国行动"，成为我国技能人才队伍建设的具体路线图。

来源：《经济日报·拓展技能人才成长通道》

第2章　劳动技能进阶计划

一、精诚团结　开展合作性劳动

合作性劳动是指人们在共同实现某个目标的过程中，彼此间互相协作、互相促进的劳动活动。在人类的生产和社会活动中，合作一直是不可或缺的重要因素。我们所从事的劳动实践基本需要合作。因此，在劳动中讲究合作具有非常重要的意义。

（一）增强协作意识　培养合作精神

建立良好的合作认知。合作中，每个人有自己独特的角色，有明确的分工安排。合作并不意味着个体个性的丧失和个人利益的摒弃。在合作与独立的关系上，需要把自己与他人当作平等的、具有独立意义的个体，尊重对方的主体地位。

合作情感是合作精神养成的催化剂。积极的合作情感为合作提供动力。学会主动积极参与合作，将与他人的合作当成一件快乐的事，促进合作精神的养成。

合作品德是合作精神养成的关键。具备了良好的合作品德，才能做到宽容大度，不嫉妒、不自私、不狭隘、不损人利己，顺利地完成合作，实现共同发展。合作成员之间相互尊重，进行平等的对话，开展良好的沟通，彼此之间取长补短，在良好的氛围中进行合作，取得共同进步。

（二）掌握沟通技巧　提升合作技能

人类是休戚与共的命运共同体，每个人都与世界息息相关，必须走出个人的小世界，与他人合作，与世界接触，满足社会对人才的合作要求，适应时代的发展。明确合作与竞争二者之间的关系，树立"竞合"观念。在竞争中友好地合作，在合作中有序地竞争，而不是为了合作彻底放弃竞争，也不是为了竞争抵触合作。在合作中，需要全方位地训练语言交流的能力、倾听的能力、处理矛盾的能力等，全面提升合作技能。

掌握艺术的表达能力。在合作中，要能合理组织语言，表达要清晰明了、简明扼要，避免晦涩、冗长。语言表达的内容要准确，方式要合理，让人容易理解和接受。做到态度要从容，举止要大方，说话要明白，不要吞吞吐吐、遮遮掩掩。表情自然，语气亲切，表达得体。适当配以动作、表情，增强表达的效果。认真倾听对方说话，不要心不在焉，也不要随便打断对方。不抢话，在对方表达结束之前，不宜匆忙表示肯定或否定。不要提及对方不愿触及的事情。

掌握耐心倾听的能力。与人交往，不光会说，更要会听，要学会做倾听者。倾听时，要耐心，表现出对对方的尊重，并表现自己在听；对于对方的表达，要给予反馈，做出回应，让对方有继续讲下去的意愿。还要注意与对方的眼神交流，要正常注视对方，不要躲闪也不要紧盯，正常注视才会让对方觉得舒服。

掌握解决问题的能力。在合作中，合作成员之间难免有矛盾和摩擦。遇到矛盾时，要学会理智地解决矛盾，不逃避自己的过失，也不揪住别人的错误不放。处理矛盾时，要冷静沉着，要进行自我反思和自我批评。可以用频繁的共同活动来消除对方的心理压力感。遇到情绪、思想方面有沟通障碍时，应心平气和地解释，镇静地调节。注意语气和音调，不可有强横和挖苦的意味。不可急于求成，有时要给对方留有考虑的时间。

知行合一

学生寝室是反映学生精神境界和校风校貌的重要窗口，整洁的寝室环境、文明温馨的寝室氛围、独特的寝室文化，对自身成长助益颇多。当四个人因缘分相遇在同一个屋檐下，大家是室友，更是互相支撑的好友，学会尊重、互相理解、彼此包容，就可以共同将寝室打造成共学、共思、共享、共乐的成长空间。

以寝室为单位，自选主题，与室友合作进行美化寝室活动，开展最美寝室遴选活动。

二、敢于革新 进行创造性劳动

创造性劳动是一种以创新为目的、能带来新的科学发现或技术发明的劳动。这种劳动具有高度的创造意识和创新精神，展现出强烈的实践能力和责任感。创造性劳动者能够在各种不同的环境中开展创造性活动，并持续保持旺盛的求知欲。

创造性劳动的特点包括目的性、变革性、新颖性、超前性和价值性。它总是先有创造性劳动，提高了劳动效率，然后才有更多的人模仿这种劳动，形成广泛的普通劳动。因此，创造性劳动在推动社会发展和进步中起着引领和示范的作用。创造性劳动是一种高度创新、富有成果并具备社会价值的劳动形式。它要求劳动者具备创造意识、创新精神和实践能力，并能够在各种环境中不断探索和创新。

（一）激发创新潜能 培养创造思维

保持好奇心和持续学习的态度是创新的基础。广泛地涉猎不同领域的知识，通过阅读、参加研讨会和工作坊等方式，不断拓宽自己的视野。勇于挑战现状，敢于对现有流程、产品或服务提出疑问，并尝试寻找改进的空间。勇于探索的精神能够激发内心深处的创新潜能。

培养发散思维对于创新思维的培养至关重要。可以通过头脑风暴、思维导图等方法，鼓励自由联想和创意碰撞，发现新的连接点和解决方案。角色扮演也是一种有效的手段，它能够帮助我们从不同角色的视角思考问题，获得更全面的见解。

批判性思维是创新思维的重要组成部分。学会提出有针对性的问题，深入探究问题的本质，收集和分析相关数据和信息来支持或反驳某个观点。通过逻辑推理和批判性思考，能够更加客观地评估想法的合理性和可行性，进而推动创新的实现。

内容延伸

新质生产力是在新一轮科技革命和产业变革催生下，生产力诸要素及其结合方式发生根本性、革命性、颠覆性质变而形成的。新劳动者以知识化、智能化、数字化劳动能力迭代升级为特点，以科技素养、职业精神和创新意识为内涵，以高水平劳动生产率为显著优势，是科技革命和产业变革时代背景下与先进生产力相适应的先进劳动者代表。

　　新劳动者是创新驱动的先行者。科技创新是发展新质生产力的核心要素。新劳动者要具备良好的创新意识和创意思维，善于敏锐捕捉市场变化，通过科学研究、生产实践深化拓展技术创新，不断产出并运用新的技术成果。

　　来源：《南方日报·培养造就与新质生产力相匹配的新劳动者》

（二）启迪多元思维　促进跨界融合

　　在智能化时代，单一的专业领域已难以满足复杂多变的社会需求。劳动者需要具备跨界融合的能力，将不同领域的知识、技术和方法进行有机融合，创造出新的价值。

　　为了启迪多元思维，需要主动接触和了解不同领域的知识和信息。可以通过广泛地阅读书籍、杂志和学术论文来实现，内容应涵盖科学、艺术、人文等多个领域。此外，参加跨学科研讨会、工作坊和在线课程也是拓宽视野的有效途径。通过这些活动，可以学习不同学科的基本原理和方法论，培养出从多个角度看待问题的习惯。

　　多元思维的培养需要我们在日常生活和工作中不断实践。当面对一个问题时，尝试从不同的角度进行思考，运用不同的学科视角思考。这种练习可以帮助我们打破固有的思维模式，发现新的解决方案。鼓励自己在团队中分享和讨论不同观点，通过集思广益来丰富和完善自己的想法。

　　在促进跨界融合方面，需要积极寻求与其他领域专家的合作与交流。通过参加行业活动、社交聚会或在线社交平台来实现。在这些场合中，主动与来自不同背景的人建立联系，分享彼此的经验和知识。尝试组建或加入跨学科团队，共同开展项目或研究。在这样的团队中，不同领域的成员可以相互启发，共同创造出具有创新性的成果。

知行合一

　　在拐棍上加一个小小的手电筒，就解决了老人夜间探路的问题；在瓶口安上一个倾斜的管口，倒油的时候就不会洒出来了；一双旧拖鞋，剪开鞋袢，缝上尼龙搭扣，就做成了进屋不用脱鞋即可直接塞入的"好客鞋"……生活中的创新发明无处不在，我们也可以设计和发明一款简单又实用的生活小用品。

　　以"创客，创造生活乐趣"为主题，小组合作研制一个小发明。

安全篇：守护安全 筑牢劳动之盾

国以安为兴，民以安为乐。安全是人类最重要和最基本的需求，是人们生命和健康的基本保障。劳动安全是指在劳动生产过程中，保障劳动者人身安全和身体健康，包括防范事故伤害、减少职业病发生、改善工作环境等方面。生命至上，安全第一。劳动安全不仅关乎着每个劳动者的生命安全和身体健康，也影响着整个社会的稳定和可持续发展。

常见的劳动事故有哪些？潜在的职业劳动风险有哪些？应掌握哪些劳动安全知识？遇到紧急情况，如何正确应对？学习本专题，我们将了解常见事故的种类及防范措施，掌握应急事故的处理及相关急救常识，关注职业健康，树立劳动安全意识，更好地维护个人生命安全和身体健康。

第1章 劳动安全 守护你我

一、潜在的劳动风险你关注了吗

问启新知

根据国家统计局公布数据：2023年各类生产安全事故共死亡21 242人，比上年下降4.7%。工矿商贸企业就业人员10万人生产安全事故死亡人数1.244人，比上年上升4.2%；煤矿百万吨死亡人数0.094人，上升23.7%。道路交通事故万车死亡人数1.38人，下降5.5%。

来源：国家统计局

查找相关新闻，了解近年来发生的生产安全事故案例。

（一）常见事故

综合考虑起因物、引起事故的诱导性原因、致害物、伤害方式等，可将危险、有害因素分为物体打击、车辆伤害、机械伤害、起重伤害、触电、淹溺、灼烫、火灾、高处坠落、坍塌、中毒和窒息、各类爆炸等。[①]

1. 物体打击

物体打击事故是指失控的物体在惯性或重力等其他外力的作用下产生运动，如落物、滚石、锤击、碎裂、崩块、砸伤等打击人体而造成的人身伤亡事故。日常生产作业过程中，物体打击会对作业人员的人身安全造成威胁、伤害，甚至死亡。因此，在劳动施工现场等地方应按规定佩戴安全帽；应在规定的安全通道内出入和上下；作业设备、物料应摆放整齐；注意高处作业和交叉作业时坠物伤害发生。

当心物体打击

[①] 《企业职工伤亡事故分类标准》。

2. 车辆伤害

车辆伤害是指企业机动车辆在行驶中引起的人体坠落和物体倒塌、下落、挤压造成的伤亡事故。如机动车辆在行驶中的挤、压、撞车或倾覆等事故，在行驶中上下车、搭乘矿车或放飞车所引起的事故，以及车辆运输挂钩、跑车事故。企业机动车辆较多，作业环境复杂，驾驶者的违章、疏忽，或者车辆超载、道路环境差等都会引起车辆伤害事故发生。因此，在车辆作业时应注意规范行驶，尽量做到作业标准化、现场环境标准化。

3. 机械伤害

机械伤害是指机械设备与工具引起的绞、辗、碰、割、戳、切等伤害。如工件或刀具飞出伤人，切屑伤人，手或身体被卷入，手或其他部位被刀具碰伤，被转动的机构缠压住等。当发现有人被机械伤害的情况时，即使及时紧急停止，但因设备惯性作用，仍可造成致命性伤害，甚至导致身亡。因此，在操作机械设备时要规范操作、注意设备及时检修，了解并设置紧急制动装置，掌握相应急救知识，将事故损失降到最小。

4. 起重伤害

起重伤害事故是指在进行各种起重作业（包括吊运、安装、检修、试验）中发生的重物（包括吊具、吊重或吊臂）坠落、夹挤、物体打击、起重机倾翻、触电等事故。常见的起重机械作业伤害事故原因有：超重起吊、吊绳磨损或断丝、吊物失衡、吊物下站人等。为了预防事故，起重机械必须安装必要的安全防护装置，还要定期进行检验、维修和保养起重机械，及时发现问题。

5. 触电

人体是导体，当人体接触到不同电位点时，由于电位差的作用，就会在人体内形成电流。这种现象就是触电。如人体接触带电设备的金属外壳或裸露的临时线，漏电的手持电动手工工具；起重设备误触高压线或感应带电；雷击伤害；触电坠落等电流流经人体，造成生理伤害的事故。触电伤亡事故一般由于作业人员违章、误操作，电气设备制造不良或运行中出现故障，电气设备安装不合格等原因造成。电气作业人员必须提高警惕，规范操作。强化防触电事故教育，增强全员防触电意识；健全安全用电制度；严禁无证人员从事电工作业；使用电气设备要严格执行安全规程。

6. 淹溺

淹溺是因大量水经口、鼻进入肺内，造成呼吸道阻塞，发生急性缺氧而窒息死亡的事故，包括在船舶、排筏等设施，在航行、停泊、作业时发生的落水事故。例如，污水处理运营人员和相关检修人员由于工作需要，必须经常在污水池上巡检或检修。为了预防溺水事故，在作业安排上，应实行双人巡检和检修；临边作业人员一定要系好安全带；作业人员应了解溺水急救常识。

7. 灼烫

生产中的高温介质或者设备产生的高热，生产和使用的各种高温物料（水、汽、烟气、高温介质等），因设备、管网、阀门等承压部件泄漏，隔热保温不好时，会发生烫伤事故，如强酸、强碱溅到身体引起的灼伤，或因火焰引起的烧伤，高温物体引起的烫伤，放射线引起的皮肤损伤等事故。这类事故由于事发突然，作业人员来不及防备，所以往往后果较为严重。

因此，作业时一定加强设备管理，减少泄漏的发生，是避免灼烫事故的重要预防措施。作业人员必须熟悉操作规程、安全注意事项，了解所接触化学物品的物理和化学特性，掌握化学物品与人体接触时可能造成的灼伤和灼伤后的处理方法，做好个人防护。

8. 火灾

在日常工作和劳动中涉及的一般是造成人身伤亡的企业火灾事故。工厂企业人员密度大，用电量大，易燃可燃材料多，火灾负荷大，容易发生火灾事故。工厂企业消防安全，历来是火灾防控的重点。企业应落实安全主体责任，规范消防培训，定期维护保养消防设施，保证消防通道畅通，以减少火灾事故发生及人员伤亡。

9. 高处坠落

高处坠落是指人由站立工作面失去平衡，在重力作用下坠落引起的伤害事故。如脚手架、平台、陡壁施工等高于地面的坠落，山地面踏空失足坠入洞、坑、沟、升降口、漏斗等情况。通常出现在有高低差的作业环境，在高位的物体处置不当，容易出现物体坠落伤人的情况。因此，在生产作业时应谨慎操作，及时沟通，按规定佩戴安全帽。

10. 坍塌

坍塌是建筑物、构筑物、堆置物等的倒塌以及土石塌方引起的事故。如因设计或施工不合理而造成的倒塌，以及土方、岩石发生的塌陷事故。建筑物倒塌，脚手架倒塌，挖掘沟、坑、洞时土石的塌方等情况。以管道土方坍塌事故为例，开挖前，应对管沟进行检查验收，排查可能存在的各类安全隐患；严格按照技术要求开挖管沟，经审批之后再进行作业，保证安全；制定坍塌应急救援预案，防范事故发生。

11. 中毒和窒息

人接触有毒物质，如误吃有毒食物或呼吸有毒气体引起的人体急性中毒事故，或在废弃的坑道、暗井、涵洞、地下管道等不通风的地方工作，因为氧气缺乏，有时会发生突然晕倒，甚至死亡的事故称为窒息。作业人员在进入有限空间进行作业前，一定要做好相应的安全准备。做到"先通风，再检测，后作业"，配备个人防中毒窒息等防护装备，并确保装备完好可用。

12. 各类爆炸

爆炸是物质在极短时间内，释放出大量能量，产生高温，并放出大量气体，在周围介质中造成高压的化学反应或状态变化，同时破坏性极强。常见的爆炸事故有瓦斯爆炸、火药爆炸、锅炉爆炸、容器爆炸以及其他爆炸。发生爆炸得满足三个要素：一要有易燃性物质；二要达到爆炸极限；三要达到着火点。防范爆炸事故应定期巡检、提前发现或预测到爆炸源头，加大对环保设施的投入，落实关于管理的规范标准。

（二）职业禁忌

职业禁忌是指劳动者从事特定职业或者接触特定职业病危害因素时，比一般职业人群更易遭受职业病危害和罹患职业病或者可能导致原有自身疾病病情加重，或者在从事作业过程中诱发可能导致对他人生命健康构成危险疾病的个人特殊生理或者病理状态。

1. 体力劳动禁忌

（1）长期保持一个姿势。

在工作时长期保持一个姿势，会导致个别身体器官或生物系统过度紧张而引起疾患。例如，长期从事站姿作业或坐姿作业，特别是站立负重作业，容易导致腰肌劳损；长期站立或行走作业，容易导致下肢静脉曲张；长期从事手指、手掌快速运动或前臂用力地工作，容易引发腱鞘炎；长期从事程序设计、精密仪器加工、焊接等工作，容易造成视觉疲劳、视力下降等。

（2）不良劳动环境条件。

不良劳动环境条件包括高温、寒冷、潮湿、光线不足、空间狭窄等，会增加劳动者的劳动负荷、提高劳动强度，容易产生疲劳和造成损伤。

（3）劳动强度过大。

劳动时间过长，劳动强度过大，休息时间不够，轮班制度不合理等，也容易形成过度疲劳，造成劳动者身体损伤。

我国的体力劳动强度分级标准，是根据体力劳动强度指数（I）来划分，并根据劳动时间（非工作总时间）、能量代谢（率）、性别、体力劳动方式运用公式进行计算的。体力劳动强度指数的数值越大，所对应的体力劳动强度级别也越大。体力劳动强度相关情况详见表7。

表7 体力劳动强度相关情况

体力劳动强度等级	体力劳动强度指数（I）	职业描述
Ⅰ（轻劳动）	$I \leqslant 15$	坐姿：手工作业或腿的轻度活动（正常情况下，如打字、缝纫、脚踏开关等）
Ⅱ（中等劳动）	$15 < I \leqslant 20$	手和臂持续动作（如锯木头等）；臂和腿的工作（如卡车、拖拉机或建筑设备等运输操作）；臂和躯干的工作（如锻造、风动工具操作、粉刷、除草、锄田、摘水果和蔬菜等）
Ⅲ（重劳动）	$20 < I \leqslant 25$	臂和躯干负荷工作（如搬重物、铲、锤锻、锯刨或凿硬木、割草、挖掘等）
Ⅳ（极重劳动）	$I > 25$	大强度的挖掘、搬运，快到极限节律的极强活动

2. 脑力劳动禁忌

过度脑力劳动会产生疲劳感，这种疲劳感表现为对工作的抵触。疲劳信号告诉我们，身体需要休息了，需要进行调整和恢复，应该停止工作。如果继续强迫大脑工作，则会进一步加重心理疲劳，造成脑细胞的损伤，或使脑功能发生障碍。在一般情况下，过度脑力劳动会对人体的身心健康造成较大的危害，主要包括以下两个方面。

（1）生理健康失常。

生理健康失常指长期过度脑力劳动，会使大脑缺血、缺氧、神经衰弱，从而导致注意力不集中，记忆力下降，思维欠敏捷，反应迟钝；睡眠规律不正常，白天瞌睡，大脑昏昏沉沉，夜晚卧床后大脑却兴奋起来，难以入眠；醒后大脑疲劳不缓解，精神不振。

（2）心理健康失常。

心理健康失常指由于上述生理功能的失衡，会造成心理活动失衡，出现忧虑、紧张、抑郁、烦躁、消极、敏感、多疑、易怒、自卑、自责等不良情绪，表面上强打精神，内心充满困惑、痛苦，继而对工作、学习丧失兴趣，产生厌倦感，甚至产生轻生念头。

拓展链接

从 2022 年开始，国家卫生健康委组织开展了全国重点人群职业健康素养监测统计调查，将劳动者职业紧张、失眠、抑郁、焦虑纳入监测范围，以便了解广大劳动者心理健康状况。国家卫生健康委对 23 个行业领域的劳动者过去一年 16 种健康问题进行了调查，自述有抑郁、紧张、焦虑这些不良情绪的占监测劳动者总人数的15%，排在第三位。

来源：中国新闻网《如何保护职业人群的心理健康？》

（三）职业病

职业病是由于长期接触工作环境中的有害因素而引起的一类慢性病，即在特定的职业或从事特定工作时，由于长期接触、吸入、摄入、皮肤接触等途径而引起的慢性疾病和健康损害。

拓展链接

截至 2022 年底，我国 16 岁至 59 岁劳动年龄人口数约为 8.8 亿，是世界上劳动人口最多的国家。近十年来，全国新发职业病报告病例数降幅达 58%，职业性尘肺病报告病例数降幅达 67%。数据显示，2019 年以来，我国监测用人单位 24.7 万家，覆盖劳动者 4 263 万人次。在全国 500 个粉尘危害严重或尘肺病患者比较集中县区，开展小微型企业监测，为劳动者免费开展职业健康体检 52 万余人次，促进尘肺病人的早发现、早诊断、早治疗。

来源：新华社《加强职业健康监测 推进职业病分类目录调整——我国多措并举保护劳动者健康》

职业病的特点表现为发病较慢，与长期暴露于有害物质环境中有关，一般在工作几年后才会出现明显的症状；潜伏期长，往往需要数年甚至十几年的潜伏期，发病前没有或仅有轻微的症状；与工作环境有关，职业病多发生在特定的行业、工种或工作环境中，如化学品厂、矿山、冶金等；多为慢性病，大部分职业病是慢性病，难以治愈，只能通过预防控制来降低发病率。

职业病的危害因素：不同行业和工种存在不同类型的危害因素，主要包括以下几个方面。

物理因素：如噪声、振动、辐射、高温、低温等，对工人的听力、视力、肌肉骨骼等造成不同程度的伤害。

化学因素：如有机化学物质、无机化学物质、金属、毒气、粉尘等，可通过吸入、摄入或皮肤接触等多种途径，对呼吸系统、神经系统、肝脏、肾脏等造成危害。

生物因素：如病原体、寄生虫、微生物等，可能引起传染性疾病或过敏反应。

心理因素：如工作压力、心理紧张、焦虑等，可能会导致心理障碍、神经衰弱等问题。

常见职业病分类：根据职业病不同的危害因素可以将职业病划分为以下几类。

尘肺病类：包括石棉肺、硅肺、煤尘肺等，主要是吸入粉尘所导致的肺部疾病。

化学中毒类：包括铅中毒、汞中毒、苯中毒等，主要是吸入、摄入或皮肤接触有害化学物质所引起的中毒症状。

放射性疾病类：包括放射性肺癌、骨髓炎等，主要是长期接触辐射性物质所导致的疾病。

噪音聋类：主要是由于长期接触高强度噪音和振动所引发的听力损害。

职业性皮肤病类：包括接触性皮炎、湿疹等，主要是由于接触有害物质后，皮肤受到刺激而引起的病变。

学思并进

"颈椎病、腰背痛算职业病吗？""已经诊断为职业病了，为何难以认定工伤？""技术、工艺推陈出新，职业病病谱会不会随之变化？"说起职业病，有劳动者提出疑问，也有劳动者饱受困扰。2024年4月25日—5月1日，是我国第22个职业病防治法宣传周。随着经济转型升级，新的工种和劳动方式不断产生，劳动者接触的职业环境和职业危害更加复杂多样，应适时、灵活调整《职业病分类和目录》，适当简化职业病职工工伤认定程序，更好地保障劳动者的职业健康。

来源：《工人日报·职业危害"出新"，职业病目录能否与时俱进？》

查找职业病相关资料，谈一谈你对职业病的新认识。

二、增强安全意识的迫切性

（一）警钟长鸣　防患未然

树立安全意识，时刻保持对潜在危险的警觉，敏锐地识别风险，从而避免事故的发生。不断回顾和反思历史上的安全事故，从中吸取教训，推动相关安全措施的改进和完善。每个人都应将安全视为首要任务，自觉遵守安全规章制度。

增强安全意识有助于人们提前识别和预防潜在的安全风险。通过主动分析和评估各种可能的风险因素，人们可以采取相应的措施来消除或降低这些风险。这种预防性的思维方式能够大大减少事故发生的可能性，保障人们的生命财产安全。增强安全意识还有助于减轻事故损失。即使在事故不幸发生时，具有强烈安全意识的人也会更有可能迅速采取正确的应对措施，从而减轻事故造成的损失。

对企业而言，安全是其稳定发展的基石。通过增强安全意识，企业能够构建一个安全、稳定的工作环境，吸引和留住优秀的人才，提升企业的竞争力。安全意识提升能够促进企业不断改进和完善自身的安全管理体系，实现可持续发展。

内容延伸

　　海因里希法则是由美国著名安全工程师海因里希（Herbert William Heinrich）提出的，法则基于对大量事故数据的统计分析，揭示了事故发生的规律性。他认为，在事故的直接和主要原因中，88%是人的不安全行为，10%是设备或其他物理的不安全条件，而只有2%是不可预防的。这一法则强调了人的不安全行为和物的不安全状态是造成事故的直接原因，企业事故预防工作的中心就是消除这些不安全因素。

　　海因里希法则还提出了事故的多米诺模型，即事故序列表示为事件的因果链。第一个多米诺骨牌倒塌导致第二个倒塌，然后是第三个，以此类推。但只要从中间抽出一个就能中断事故链条。这一模型强调了预防的重要性，即通过及时消除不安全因素和隐患，可以有效防止事故发生。

　　海因里希法则的另一个重要观点是，通过对事故成因的分析，把事故消灭在萌芽状态。重大事故不是凭空发生的，而是不安全因素反复暴露、未遂事件不断发生的结果。因此，预防消除隐患，由重大事故本身转向事故背后的轻微事故、未遂事件，是防止重大伤亡事故的关键。

（二）质量为本　效率为先

　　提升安全意识，有助于预防生产过程中的安全事故，降低因质量问题引发的风险。保障员工的人身安全，避免因事故导致的生产停滞和财产损失。安全意识是质量管理体系中不可或缺的一部分。通过增强安全意识，企业可以推动质量管理体系的持续改进，提高整体质量管理水平。

　　安全事故往往会给企业带来巨大的经济损失，包括人员伤亡、设备损坏、生产停滞等。增强安全意识有助于预防这些事故的发生，从而降低事故成本，提高企业的经济效益。安全意识强的员工会更加注重操作规程和安全标准，减少违规操作，从而降低事故发生的概率。这有助于保持生产过程的稳定，提高生产效率。

内容延伸

　　安全生产的权利：上岗前接受安全知识培训的权利；安全生产知情权与建议权；对安全管理的批评、检举、控告权；拒绝违章指挥和强令冒险作业权；紧急情况下停止作业与撤离权；享受工伤保险与伤亡补偿权。

安全生产的义务：遵章守纪，服从管理；正确佩戴和使用劳动防护用品；参加培训，掌握安全生产技能；及时报告事故隐患。

第2章 安全小卫士在行动

一、安全知识 保驾护航

（一）学习安全常识 筑牢安全防线

学生未来走入职场，对于劳动安全的基础知识学习是至关重要的。需要深入了解国家和地方关于劳动安全的法律法规，这包括安全生产法、职业病防治法等，明确在安全生产中的权利和义务。系统展开对安全管理体系的学习，例如，职业安全健康管理体系（OHSAS 18001、ISO 45001 等）。通过学习这些体系，可以掌握危险源辨识、风险评估的方法，以及制定和实施控制措施的重要性。

在专业知识学习方面，需要根据自己的工作岗位进行有针对性的学习。如果未来从事机械设备操作岗位，需要详细了解机械设备的构造、工作原理、性能参数以及安全操作规程。这包括设备的启动、运行、停机以及紧急情况下的应对措施，如急停按钮的使用等。此外，对于设备的日常检查、维护和保养知识也需要有所了解，以确保设备的正常运行和延长使用寿命。

对接触化学品的岗位而言，需要全面了解化学品的性质、分类、储存和使用要求。这包括了解化学品的毒性、腐蚀性、易燃易爆性等特性，以及正确的储存方法、使用注意事项和废弃物处理流程。掌握化学品泄漏的应急处理措施，包括迅速撤离泄漏区域、佩戴正确的防护装备、进行泄漏控制和废物处置等。

在电气安全方面，要学习电气基础知识，如电流、电压、电阻等概念，并了解电气事故的常见原因和危害。掌握安全用电的原则，如电气设备的接地保护、过载保护、漏电保护等，以确保电气系统的安全运行。此外，对于电气火灾的预防和扑救方法以及触电事故的急救措施也需要有所了解，以便在紧急情况下能够迅速应对。

消防安全是在很多岗位都需要基本掌握的。要了解火灾的成因和分类，熟悉各类火灾的扑救方法和使用器材。包括了解灭火器的种类、使用方法以及适用范围，掌握火灾报警系统的原理和操作方法等。学习疏散逃生的基本知识和技巧，了解如何在火灾发生时迅速逃离现场并保护自己。

拓展链接

2023年6月，四川省安全生产委员会和四川省应急管理厅主编的《安全与应急科普知识——安全宣传"五进"读本》（以下简称《读本》），在四川省"安全宣传咨询日"活动现场首次"亮相"。《读本》分为"进企业""进农村""进社区""进学校""进家庭"5个章节，涵盖了与人民群众生产生活息息相关的日常安全注意事项、风险辨识与防范、自然灾害和避险、应急处置和自救互救等40余个安全科普内容，共包含上百个"救命"知识点。

《读本》的编印是四川省着力增强全民安全意识和应急技能的重要创新手段，是开展全民安全文明素质提升工程的关键举措，力求通过阅读学习，达到"幼有所学、老有所读、各有所需"的效果，让安全理念根植于每一位居民的心中，进一步增强"生命至上、安全第一"的理念。

来源：四川省应急管理厅

（二）掌握安全技能　增强自我保护能力

掌握安全技能是确保工作场所安全、有效预防事故的重要一环。安全技能的掌握始于对基础安全操作的熟悉和理解。这包括正确佩戴和使用个人防护装备，如安全帽、防护眼镜、防护服等。员工需要了解每种装备的作用、佩戴方法以及使用注意事项，确保在需要时能够迅速、准确地佩戴和使用，从而有效降低工作过程中的安全风险。

掌握安全技能涉及对特定工作环境中潜在危险的识别和应对。要学会观察和分析工作场所中的安全隐患，如机械设备的不安全状态、化学品的泄漏迹象等。一旦发现潜在危险，员工需要迅速采取正确的措施进行应对，如立即停机、撤离现场、报告上级等，以确保自身和他人的安全。

在应对紧急情况方面，掌握安全技能尤为重要。需要接受紧急救援和逃生技能的培训，包括心肺复苏术（CPR）、止血包扎、火灾逃生等。这些技能能够在关键时刻挽救生命、减少伤害，因此员工需要定期接受培训并熟练掌握。

掌握安全技能包括对安全操作规程的严格遵守和执行。员工需要了解并遵守所在岗位的安全操作规程，确保每一个工作步骤都符合安全标准。这包括机械设备的正确操作、化学品的规范使用、电气设备的安全维护等。通过严格遵守安全操作规程，员工能够最大限度地减少人为因素引起的事故。

学习安全知识、掌握安全技能是一个持续学习和提升的过程。通过熟悉基础安全操作、识别应对潜在危险、掌握紧急救援和逃生技能、严格遵守安全操作规程以及持续学习和提升，才能够更好地保护自己和他人的安全，共同营造一个安全、和谐的工作环境。

知行合一

成都高新区社区治理和社会保障局搭建的工伤预防警示教育基地以成都高新区劳动者为覆盖对象，是一个集知识性、趣味性、互动性、教育性于一体的工伤预防学习平台。基地内设置了工伤预防知识科普区、互动体验区、阅览学习区等多个功能区，包括事故警示VR（Virtual Reality，虚拟现实）体验、交通标识互动等体验项目，结合场地的招聘、就业、人才服务功能，覆盖更多精准人群，有效提升基地在宣传教育方面的针对性和实效性。完整构建"参观、宣传、体验"三位一体的工伤预防范本，推动"伤后保障"工作向"提前预防"转变，从源头上减少和避免工伤事故和职业病的发生。

来源：四川劳动保障《成都高新区再添一个工伤预防教育警示基地》

结合以上资料，以班级为单位，就近选择相关警示教育基地开展一次互动体验。

二、应急处理 临危不惧

在劳动过程中，突发情况时有发生，因此，必须具备应急处理的能力，做到临危不惧，有效应对。应急处理包括熟悉应急流程以及掌握急救技巧，以便在关键时刻迅速、准确地采取措施，最大限度地减少损失和保护人员安全。

（一）熟悉应急流程 迅速应对突发情况

熟悉应急流程要从深入了解企业的应急预案开始。这份预案是企业在面临突发事件时的行动指南，其中详细列出了各种可能发生的紧急情况及其对应的处理措施。员工需要认真研读预案，了解每一种紧急情况的定义、发生时的应对步骤以及负责人员的职责分工。只有这样，才能在紧急情况发生时迅速做出正确的判断。

明确自己在应急流程中的角色和责任。在应急预案中，每个员工都被赋予了特定的职责和任务。这些职责可能包括疏散引导、信息传递、物资保障等。清楚了解自己的职责，并在演练和实际应急过程中认真履行，确保流程的顺利进行。

参与应急演练是熟悉应急流程的重要环节。通过模拟真实的紧急情况，可以在一个相对安全的环境中体验应急流程，从而加深对流程的理解和记忆。在演练过程中，员工需要按照预案中的步骤进行操作，注意与团队其他成员的紧密协作，确保流程的顺畅执行。演练结束后，及时总结经验和教训，针对演练中暴露出的问题进行改进和提升。

在突发情况发生时，员工应立即向上级报告，并按照预案中的通信联络程序，及时与相关部门和人员取得联系，寻求支持和援助。在等待专业救援队伍到达之前，员工应根据预案中的现场处置措施，进行初步的应急处理，如切断电源、关闭阀门、使用灭火器等，以控制事态的发展。

（二）掌握急救技巧　及时救助受伤人员

掌握急救技巧是应急处理中至关重要的一环。在紧急情况发生时，及时的急救措施往往能够挽救生命，减轻伤害。因此，每一位参与职场工作的劳动者都应积极学习和熟练掌握基本的急救技能。

心肺复苏术（CPR）是每个人都应掌握的基本急救技能。在心脏骤停的情况下，心肺复苏术能够为患者提供宝贵的抢救时间。员工需要了解心肺复苏术的操作步骤，包括判断意识、呼叫救助、胸外按压和人工呼吸等，并通过培训和实践来确保自己能够正确、有效地进行心肺复苏术的操作。特别是在进行胸外按压时，要注意按压的位置、深度和频率，以确保按压的有效性。

止血是急救中常见且重要的技巧。在受伤出血时，迅速而有效地止血能够防止血液大量流失，降低休克的风险。学会根据不同的出血情况选择合适的止血方法，如直接加压止血、止血带止血等。在处理出血伤口时，注意保持伤口的清洁，避免感染。

外伤止血的常用方法如表8所示。

表 8　外伤止血的常用方法

常用方法	具体内容
直接压迫法	直接压迫法也称指压止血法，适合于头面部及肢体无异物的伤口出血。施救者首先检查伤口有无异物，如无异物，将干净的纱布垫或手帕等放在伤口的出血部位，然后直接用手指按压，如果血液渗透了按压在伤口上的纱布垫，不用管它，继续施压，尤其不要更换纱布垫；也可以直接用手指按压出血处；或者将手指压在伤口近心端的动脉之上，向骨骼的方向用力施压。保持压力 15 分钟以上，不要时紧时松
加压包扎法	加压包扎法适用于肢体末端较轻的、无异物的出血。用绷带及类似的条状物用力缠绕伤口，固定以后要检查手指或脚趾末端的血液循环情况，若出现青紫、发凉，说明绷带扎得过紧，要松开重新包扎
间接压迫法	间接压迫法适用于有异物（如匕首、碎玻璃片等）的伤口。首先在伤口周围垫上干净的纱布垫，再用绷带加压包扎
填塞止血法	填塞止血法适用于伤口较深的严重出血及大动脉、大静脉出血。先将纱布垫及类似物直接塞到伤口内，再用绷带加压包扎
抬高伤处法	在可能的情况下，将伤处抬高至心脏位置以上，可减慢出血速度
止血带止血法	止血带止血法适用于四肢大动脉出血
用冰冷敷法	用冰冷敷法能促使血管收缩并减少流血，可以用碎冰或冰毛巾冷敷患处，适用于鼻子等部位出血 另外，如果伤口比较小，出血量比较少，可以清理伤口后贴上创可贴，可快速止血

常用的包扎方法如表 9 所示。

表 9　常用的包扎方法

包扎方法	具体内容
环形包扎法	环形包扎法是最基本也是最常用的包扎方法，适用于肢体粗细较均匀伤口的包扎。方法：第一圈环绕时，绷带稍作斜置，以后环绕时每一圈压住前一圈的绷带，这样包扎更加稳固。此种方法适合于颈部、头部、腿部和胸腹部的小伤口包扎
螺旋包扎法	螺旋包扎法适用于四肢、躯干部位的包扎。用无菌敷料覆盖伤口，先环形缠绕两圈；从第三圈开始，环绕时压住前一圈的 1/2 或 1/3 处，最后用胶布粘贴固定

续表

包扎方法	具体内容
螺旋反折包扎法	螺旋反折包扎法用于肢体上下粗细不等部位的包扎，如小腿、前臂等，如图1所示。先用环形包扎法固定始端，再用螺旋包扎法每圈反折一次；反折时，以左手拇指按住绷带上面的正中处，右手将绷带向下反折，向后绕并拉紧；反折处不要在伤口上 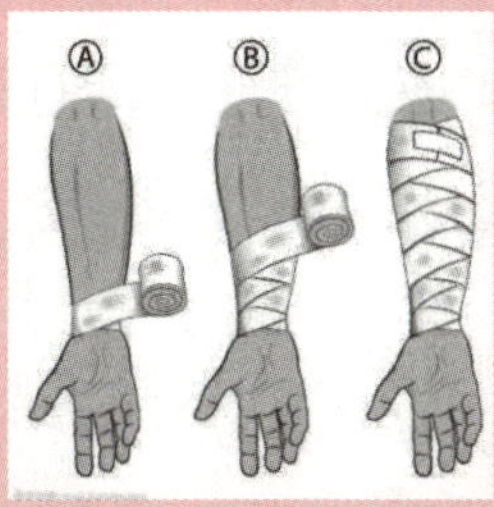 图1　螺旋反折包扎法
"8"字形包扎法	"8"字形包扎法多用于手掌外伤、足部外伤和足踝扭伤，选用弹力绷带最佳，如图2所示。用弹力绷带向上包一圈后再向下包一圈，使每一圈都与前一圈相互交叉，并覆盖上一圈的1/2 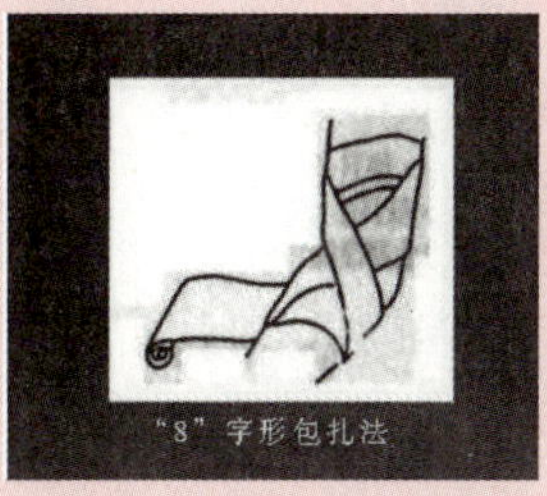 图2　"8"字形包扎法
三角巾头部帽式包扎法	三角巾头部帽式包扎法又称头顶帽式包扎，如图3所示。将三角巾底边折叠约两横指宽，边缘置于伤病员前额齐眉处，顶角向后；三角巾两底边经耳上向后在枕部交叉并压住顶角，再经耳上绕到前额齐眉打结；顶角拉紧，折叠后掖入头后部交叉处内侧 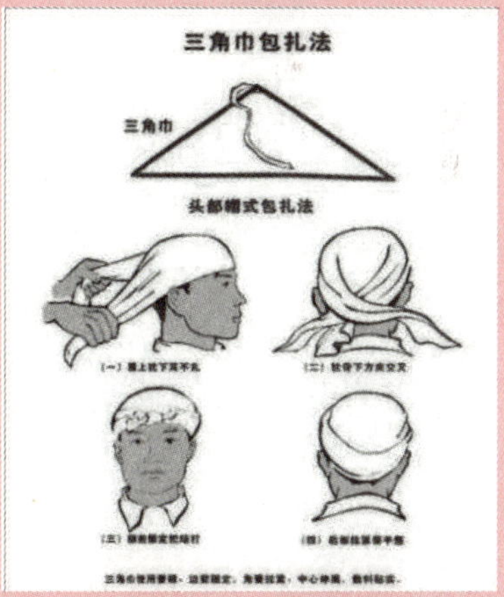 图3　三角巾头部帽式包扎法

除了心肺复苏术和止血，还应掌握其他如处理烧伤、烫伤、骨折和中毒等常见的急救技巧。对于烧伤和烫伤，应迅速用冷水冲洗伤口，降低皮肤温度，并根据情况进行后续处理。对于骨折，应学会正确的固定方法，以减轻疼痛并防止进一步损伤。对于中毒，应迅速识别毒源并远离，同时寻求专业救助。

在掌握急救技巧的过程中，理论学习与实践操作相结合是非常重要的。通过参加急救培训课程、观看教学视频或参与模拟演练等方式来提升自己的急救能力。定期复习和巩固已学的急救知识是必不可少的，以确保在紧急情况下能够迅速准确地应用这些技巧。

在应急事故处理过程中需要保持冷静和沉着。在紧急情况下，恐慌和紧张可能会影响急救效果。因此，应学会调整自己的情绪，保持冷静思考，以便更好地应对突发状况。

权益篇：保障权益 捍卫劳动之基

就业是最大的民生。维护好千千万万劳动者的劳动权益，创造更好的发展环境、职业环境，才能让劳动者在辛勤劳动、诚实劳动、创造性劳动中成就梦想。劳动权益是指劳动者在劳动过程中应享有的各项权利和利益。保障劳动者的基本权利和利益，确保其在劳动过程中得到公正的对待和合理的回报。这既是社会公平正义的需要，也是推动经济发展和社会进步的重要保障。

我国劳动者享有哪些基本权益？中职生在实习与就业过程中享有哪些权益？如何正确地维护自身劳动权益？学习本专题，我们将了解我国劳动者享有的权益，知道中职生的实习和就业权益保护，学会运用所学知识维护自己的合法权益，提升自身法律意识和法治思维，懂得运用正确的方法和途径来解决劳动争议。

第1章 劳动权益 坚强后盾

一、相关的劳动权益你知道多少

问启新知

　　"试用期不缴五险一金，转正后再缴""时间太短，考察不全面，需要延长试用期""换到新岗位，需要重新计算试用期"……这些试用期的"坑"，你是否踩到过？日前，《工人日报》记者采访发现，仍有一些用人单位将试用期当作"廉价期""随意期"，克扣劳动者工资，不按规定缴纳社保，多次约定或任意延长试用期，甚至随意辞退劳动者。

　　结合材料分析，以上情况侵害了劳动者什么权益？

（一）我国劳动者享有的基本权益

　　劳动权益，是由劳动法所规定或肯定的，由劳动权利和劳动义务所共同体现和保障的，并由劳动法主体最终享有的利益。[①]

　　根据《中华人民共和国劳动法》（以下简称《劳动法》）第三条，劳动者享有平等就业和选择职业的权利、取得劳动报酬的权利、休息休假的权利、获得劳动安全卫生保护的权利、接受职业技能培训的权利、享受社会保险和福利的权利、提请劳动争议处理的权利以及法律规定的其他劳动权利。

　　平等就业和选择职业的权利。在我国，凡是有劳动能力的劳动者，都平等享有就业的权利和资格，不因民族、种族、性别、年龄、文化、宗教信仰、经济能力等

---

① 《大辞海》[引用日期 2020-11-19]。

而受到限制，在应聘某一职位时，任何公民都须平等参与竞争，任何人不得享有特权，也不得对任何人予以歧视。劳动者可以在法律允许的条件下，从自己的能力、专长、喜好等实际出发，结合社会的需求，选择自己认可或喜欢的行业及工作单位和工作岗位，不受他人的影响。

取得劳动报酬的权利。用人单位应当按照劳动合同约定和国家规定，向劳动者及时、足额，以法定货币对员工的劳动支付劳动报酬，必须在用人单位与劳动者约定的日期支付。劳动者在完成劳动定额或规定的工作任务后再安排工作的，用人单位应当按照相应标准支付加班工资。

休息休假的权利。劳动者享有为保护身体健康和提高劳动效率而休息和休养的权利。我国实行标准工时制度。在标准工时制下，劳动者每日工作时间不超过 8 小时、每周工作时间不超过 40 小时；部分企业因工作性质和生产特点不能实行标准工时制度的，应保证劳动者每日工作时间不超过 8 小时、每周工作时间不超过 40 小时，每周至少休息 1 日。劳动者享有无须履行劳动义务且一般有工资保障的休假权。用人单位在元旦、春节、国际劳动节、国庆节以及法律、法规规定的其他休假节日期间应当依法安排劳动者休假。职工工作满一定年限，每年可享有保留工作岗位、带薪休假的时间。

学思并进

"离线休息权"这一概念是在互联网时代下应运而生的，我国在互联网迅速发展的今天，工作内容与方式早已深度融入互联网。线上办公成为不少公司的选择，这样突破时空界限的工作形式虽灵活便捷，却也让工作与生活的"边界"变得越来越模糊。隐藏在"生活"中的加班现象越来越普遍。员工往往在不知不觉中加班，而这种加班往往是无偿的。长时间工作不仅会影响员工的身心健康，也可能对其家庭和社会生活产生负面影响。

来源：《中国青年报·"休而不息"？请归还劳动者"离线休息权"》

结合材料谈谈，你对"离线休息权"的认识。

获得劳动安全卫生保护的权利。劳动者在劳动过程中享有获得适宜的劳动条件和必要的保护措施的权利。这种权利是对劳动者的人身进行保护，主要目的就是保障劳动者在生产过程中的安全和健康。

享有社会保险和福利的权利。劳动者享有社会保险和福利的权利，即劳动者享有包括养老保险、医疗保险、工伤保险、失业保险、生育保险等在内的劳动保险和福利。

学思并进

社会保险是通过国家立法的形式，以劳动者为保障对象，以劳动者的年老、疾病、伤残、失业、死亡等特殊事件为保障内容，以政府强制实施为特点的一种制度。

接受职业技能培训的权利。劳动者享有根据要求接受职业技能的教育和训练的权利，并可根据这一权利享受相应的待遇的权利。国家通过各种途径，采取各种措施，发展职业培训事业，开发劳动者的职业技能，提高劳动者素质，增强劳动者的就业能力和工作能力。我国劳动者的职业培训权主要表现在劳动者的在职培训中，也包括就业前培训。劳动者在就业之后的职业培训权主要有：获得参加各种职业培训资格的权利；进行特殊培训的权利；获得职业培训证书或资格证书的权利。

法律规定的其他权利。如依法参加和组织工会的权利，依法享有参与民主管理的权利，劳动者依法享有参加社会义务劳动的权利，从事科学研究、技术革新、发明创造的权利，依法解除劳动合同的权利，对用人单位管理人员违章指挥、强令冒险作业有拒绝执行的权利，对危害生命安全和身体健康的行为有权提出批评、举报和控告的权利，对违反劳动法的行为进行监督的权利等。

（二）中职生实习期间享有的权益

签订三方实习协议的权利。《职业学校学生实习管理规定》（2022修订）中要求，学生参加岗位实习前，职业学校、实习单位、学生三方必须以有关部门发布的实习协议示范文本为基础签订实习协议，并依法严格履行协议中有关条款。未按规定签订实习协议的，不得安排学生实习。

要求支付相应报酬的权利。接收学生岗位实习的实习单位，应当参考本单位相同岗位的报酬标准和岗位实习学生的工作量、工作强度、工作时间等因素，给予适当的实习报酬。

不缴纳额外费用的权利。职业学校和实习单位不得向学生收取实习押金、培训费、实习报酬提成、管理费、实习材料费、就业服务费或者其他形式的实习费用，不得扣押学生的学生证、居民身份证或其他证件，不得要求学生提供担保或者以其他名义收取学生财物。

要求保障自身人身和财产安全的权利。在遇有自然灾害、事故灾难、公共安全等突发事件或重大风险时，按照属地管理要求，分不同风险等级、实施阶段做好分类管控工作。学生在实习期间受到人身伤害，属于保险赔付范围的，由承保保险公司按保险合同赔付标准进行赔付；不属于保险赔付范围或者超出保险赔付额度的部分，由实习单位、职业学校、学生依法承担相应责任；职业学校和实习单位应当及时采取救治措施，并妥善做好善后工作和心理抚慰。

要求学校为自己投保实习责任险的权利。职业学校和实习单位应当根据法律、行政法规，为实习学生投保实习责任保险。责任保险范围应当覆盖实习活动的全过程，包括学生实习期间遭受意外事故及由于被保险人疏忽或过失导致的学生人身伤亡，被保险人应当依法承担的赔偿责任以及相关法律费用等。

学生实习责任保险的费用可按照规定从职业学校学费中列支；免除学费的可从免学费补助资金中列支，不得向学生另行收取或从学生实习报酬中抵扣。职业学校与实习单位达成协议由实习单位支付学生实习责任保险投保经费的，实习单位支付的投保经费可从实习单位成本（费用）中列支。鼓励实习单位为实习学生购买意外伤害险，投保费用可从实习单位成本（费用）中列支。

拓展链接

　　新修订的《职业教育法》针对个别地方出现的将职校实习学生当作廉价劳动力的现象，通过三个方面作出了明确的规定。

　　第一，明确了学生在实习期间的权利和实习单位的义务。新《职业教育法》中明确，接纳实习的单位要保障学生在实习期间按照规定享有休息休假、获得劳动安全卫生保护、参加相关保险、接受职业技能指导等权利，明确对上岗实习的学生要签订实习协议，并给予适当的劳动报酬。

　　第二，明确了学校责任。新《职业教育法》要求职业学校加强安全生产教育，明确实习实训的内容和标准；特别明确禁止学校安排学生从事与其所学专业无关的实习实训；禁止学校违反相关规定，通过人力资源服务机构、劳动派遣机构或者非法从事人力资源、劳动派遣的组织和个人来组织、安排、管理学生的实习实训；禁止学校以介绍工作、安排实习实训等名义违法收取费用。

　　第三，明确了违法的处罚责任。新《职业教育法》第六十六条，对侵犯学生实习期间权益的法律后果做了专门规定。用人单位侵害学生权利的，要依法承担相应的法律责任；职业学校违规安排学生实习实训的，要由教育等部门责令改正，没收违法所得，并处以相应的罚款；人力资源服务机构等单位或个人违规从事中介业务的，由人社等相关部门责令改正，没收违法所得，并处以相应的罚款。

（三）中职生就业过程享有的权益

　　在求职阶段，中职生享有平等就业的权利。这意味着任何用人单位都不得以性别、年龄、民族、宗教信仰或残疾等为由进行歧视。中职生的知情权与隐私权应得到充分尊重。在应聘过程中，中职生有权了解招聘单位的基本情况、岗位需求、薪酬待遇等关键信息，以便做出明智的就业选择。个人隐私，如身份证号码、家庭住址等敏感信息，必须妥善保管，防止被不法分子利用或泄露。

　　在签订劳动合同这一关键环节，中职生的权益保护尤为重要。劳动合同是明确双方权利义务的法律文书，是维护中职生合法权益的重要依据。因此，在签订劳动合同时，必须仔细审查合同条款，确保其内容合法合规、权利义务对等。特别是关于工作内容、地点、时间、薪酬待遇、社会保险等方面的约定，更应逐一核对，以免日后产生纠纷。

此外，对于试用期、违约金等特殊条款，应给予足够关注，确保其符合相关法律法规的规定。

就业后的权益保障不容忽视。中职生作为劳动者，依法享有获取劳动报酬、休息休假、劳动安全卫生保护等基本权利。用人单位应按时足额支付工资，提供必要的劳动保护措施，确保工作环境安全、健康。用人单位应依法为中职生缴纳社会保险，在遭遇工伤、疾病等意外情况时能及时救助和给予相应补偿。

职场中，劳动权益受到侵害时，应积极寻求救济，维护自己的合法权益。这既可以通过与用人单位协商解决，也可以向劳动监察部门投诉举报，甚至申请劳动仲裁或提起诉讼。在此过程中，应学会收集并保存相关证据，以便在必要时为自己维权提供有力支持。可以寻求工会、法律援助机构等社会力量的帮助，共同维护劳动者的尊严和权益。

内容延伸

十三届全国人大常委会通过了新修订的《中华人民共和国职业教育法》，于 2022 年 5 月 1 日起正式实施。这是该法自 1996 年颁布 26 年以来首次大修。新法明确提出，用人单位不得设置妨碍职业学校毕业生平等就业和公平竞争的报考、录取、聘用条件，机关事业单位、国有企业在招录、招聘技术技能岗位人员时，应当明确技术技能要求，将技术技能水平作为录用、聘用的重要条件。事业单位公开招聘中有职业技能等级要求的岗位，可以适当降低学历要求。陈子季指出："这些规定，从法律层面保障了职业学校学生的权益，为职业教育营造更加良好的发展空间，为各行各业都能'人尽其才'提供了保障。"

来源：2022 年 4 月 28《中国妇女报》

二、了解劳动权益的重要性

在现代社会，劳动是每个人实现自我价值、获取生活资料的重要途径。了解劳动权益是每位劳动者在职场中的必修课。它关系到个人的切身利益，是构建和谐劳动关系、推动社会公平正义的基石。

（一）增强权利意识 提升自我保护能力

了解劳动权益，对每一位身处职场的劳动者而言，都具有不可估量的重要意义。这种了解不仅仅是对法律条文的简单认知，更是对自身权利与义务的深刻把握，是增强权利意识、提升自我保护能力的关键所在。

　　了解劳动权益是增强权利意识的基础。权利意识是个体对自身所享有权利的感知和认同。在劳动领域，这种权利意识具体表现为劳动者对自身所享有的各项劳动权益的清晰认识和坚定维护。而这一切，都建立在劳动者对劳动权益的充分了解之上。只有当劳动者深入了解了自己所享有的权利，如工资报酬权、休息休假权、劳动安全保护权等，他们才能在遇到侵权行为时迅速做出反应，捍卫自己的合法权益。这种基于了解的权利意识，让劳动者在职场中更加自信、有尊严，为劳动关系的和谐稳定奠定了坚实基础。

　　了解劳动权益对于提升劳动者的自我保护能力具有至关重要的作用。职场环境复杂多变，各种潜在的风险和挑战无处不在。劳动者只有充分了解自己的权益，才能在面对不公正待遇、违法操作等侵权行为时，做出正确的判断和应对。利用法律武器，通过合法途径维护自己的权益，避免因无知而遭受不必要的损失。这种自我保护能力的提升，有助于维护劳动者的切身利益，促进整个劳动市场的健康和规范发展。

学思并进

　　人力资源和社会保障部办公厅2023年11月8日印发《新就业形态劳动者休息和劳动报酬权益保障指引》《新就业形态劳动者劳动规则公示指引》《新就业形态劳动者权益维护服务指南》。上述两个"指引"和一个"指南"，其目的是引导企业保障新就业形态劳动者休息和劳动报酬权益，科学安排工作时间，依法合规制定和修订订单分配、报酬支付、工作时间和休息、考核奖惩等平台劳动规则。

　　请查阅文件规定，结合生活实际谈谈相关内容如何应用到具体生活中。

（二）构建和谐劳动关系　推动社会公平正义

　　劳动关系是生产关系的重要组成部分，其和谐与否直接关系到企业的稳定发展和社会的长治久安。当劳动者充分了解自己的权益，如获得合理报酬、享有安全卫生条件、参与民主管理等，他们就能更加积极地投入工作中，与用人单位形成良性互动。这种基于权益了解的和谐劳动关系，能够减少劳资冲突，提高生产效率，为企业的可持续发展创造有利条件。

　　了解劳动权益有助于提升劳动者的归属感和忠诚度。当劳动者感受到自己的权益得到尊重和保障时，他们会更愿意与用人单位共同发展、共担风险。这种紧密的团队联系和合作精神，能够增强企业的凝聚力和竞争力，从而推动整个社会的繁荣与进步。

了解劳动权益对于推动社会公平正义具有不可替代的作用。劳动是社会财富的源泉，也是实现个人价值的重要途径。然而，在现实生活中，由于信息不对称、资源分配不均等原因，劳动者的权益往往受到侵害。这不仅损害了劳动者的切身利益，也破坏了社会的公平正义原则。

通过了解劳动权益，劳动者能够更加清晰地认识到自己在社会中的地位和作用，更加积极地参与到社会事务中，利用法律武器维护自己的权益，推动社会的公平与正义。了解劳动权益有助于提升整个社会的法律意识和道德水准，形成尊重劳动、保护劳动者的良好风尚。

一个公平正义的社会必然是一个人人享有平等机会、共同分享发展成果的社会。当劳动者的权益得到充分保障时，他们就能更加积极地参与到经济建设和社会发展中来，为社会的繁荣与进步贡献自己的力量。这种基于权益保障的社会发展模式，能够实现经济的持续增长，促进社会的全面进步和人的全面发展。

第2章 劳动权益维护指南

一、权益保障 预防为先

（一）提高警惕 谨防上当受骗

在职场中，我们必须增强自我保护意识，时刻保持警惕，以防不慎落入不法分子的陷阱。面对各种招聘信息和劳动合同，务必仔细甄别，确保其内容真实合法，避免上当受骗，损害自己的合法权益。尤其在毕业生应聘求职过程中，很多不法企业利用学生社会经验不足且急于找工作的迫切心情，设置了各式各样的就业陷阱，严重损害了中职学生的合法权益，造成了恶劣的社会影响。这就需要中职学生树立风险意识，避免上当受骗。

审慎对待招聘信息。在寻找工作时，务必仔细甄别招聘信息的来源和真实性。注意查看招聘信息的发布渠道是否正规，招聘内容是否详细、合理，以及是否存在夸大其词或含糊其辞的情况。对于过于美好的职位描述或薪酬待遇，应保持警惕，以免陷入虚假招聘的陷阱。

核实用人单位背景。在接受职位前，尽量对用人单位进行一定的调查和了解。通过查询企业信用信息、咨询行业内人士、查看公司官方网站等方式，核实用人单位的合法性和信誉度。这有助于避免被非法用人单位或存在严重问题的企业所欺骗。

仔细阅读劳动合同。在签署劳动合同之前，务必认真阅读合同条款，确保合同内容明确、合法，并符合自己的期望和权益。特别注意关于薪酬待遇、工作时间、休息休假、社会保险等方面的约定，以免日后产生纠纷。如果对合同条款有疑问或不明确之处，应及时向用人单位或专业人士咨询，切勿盲目签署。

警惕非法收费和扣押证件。在求职过程中，要警惕用人单位以各种名义收取费用或扣押身份证件的行为。合法的招聘过程通常不会涉及这些要求。如果遇到此类情况，应坚决拒绝并寻求相关部门的帮助。

保护个人信息安全。在求职过程中，可能需要提供一些个人信息，如简历、身份证明等。务必注意保护这些信息的安全，避免被不法分子利用。尽量选择安全的传输方式发送个人信息，并留意信息是否被滥用。

内容延伸

为丰富课余生活、增加工作实践，不少在校大学生走出校门，利用课余时间、实习期间入职或兼职参加工作实践并获取经济报酬。他们能否与用人单位建立劳动关系？是否受劳动法保护？

在校大学生应聘时应当如实陈述自己的在校情况，用人单位在明知对方尚未毕业、仍愿意与之建立劳动关系的，应认定双方构成劳动关系。若用人单位并无招录在校大学生的意愿，在校大学生为获得就业机会隐瞒自己尚未毕业等真实情形的，则可能因构成欺诈而影响劳动合同的效力。

来源：《人民法院报·在校大学生能否与用人单位形成劳动关系？》

（二）掌握正确方法　规避风险

为避免上当受骗，损害自身的合法权益，需要毕业生掌握劳动招聘、劳动履行、纠纷解决和法律责任等知识，规避就业风险，维护自己的合法权益。

选择正规求职渠道，避免虚假信息。在线上，毕业生在就业时应选取正规招聘网站（国家大学生就业服务平台、教育部人才服务网等）；在线下，毕业生应参加学校、教育行政主管部门和各级人民政府组织的招聘会，不参加非正规单位组织的招聘会，从根源上防止招聘诈骗。

端正就业心态，调整心理预期。在校期间应刻苦学习，掌握好专业知识，提升自己的专业能力，为就业打好坚实的基础；全面客观地认识自己，认清自己的真实水平；调整好就业心态，要相信"一分耕耘一分收获"和"天上不会掉馅饼"，不要随便相信高工资、高福利、挣钱快的就业信息，任何成功都得要经过努力才能获得，在面试时保持清醒的头脑。

学习法律知识，多问多查多想。毕业生在就业之前应主动学习《中华人民共和国劳动合同法》（以下简称《劳动合同法》）和《劳动法》等劳动法律知识，做到心中有数；在签订合同之前把合同的主要条款告知专业人士，请其帮忙把控，防止上当受骗。

寻求专业咨询和援助。如果你对劳动法律法规不够了解或遇到复杂的劳动问题，可以寻求专业咨询和援助。劳动监察部门、工会组织、律师等都可以为你提供专业的指导和帮助。通过他们的协助，可以更好地了解自己的权益并采取有效的维权措施。

知行合一

每位同学都会走上就业之路，成为一名光荣的劳动者。劳动者在劳动过程中依法享有法律保障的各项权利，应提前知晓并能合理运用。

请借助线上或线下收集体现劳动权益的真实案例，制作劳动权益维护小卡片。

二、维权有道 不惧挑战

（一）积极沟通 寻求和解

在劳动维权的道路上，积极沟通与寻求和解是解决问题的关键途径。面对劳动争议或权益受损的情况，需要依靠法律程序，通过积极沟通来化解矛盾，寻求双方都能接受的解决方案。

积极沟通是建立在对等和尊重的基础之上的。作为劳动者，要主动表达自己的诉求和关切，明确指出问题所在，并提供相关的证据和资料来支持自己的观点。保持开放的心态，认真倾听雇主或管理方的解释和回应，理解他们的立场和考虑。只有通过充分的交流，双方才能更加清晰地了解彼此的需求和期望，为寻求和解奠定基础。

在沟通过程中，要注重语言的运用和情感的把控。避免使用攻击性或侮辱性的言辞，以免加剧矛盾和问题。应该以平和、理性的态度来表达自己的观点，用事实和数据来增强说服力。学会控制自己的情绪，保持冷静和理智，不被情绪左右，以免影响沟通的效果。

寻求和解是积极沟通的目标所在。在沟通过程中，努力寻找双方都能接受的解决方案，通过妥协和互让来化解矛盾。这需要具备一定的灵活性和判断力，根据实际情况做出适当的调整和让步。要明确自己的底线和原则，确保和解方案不会损害自己的基本权益。

如果双方无法直接达成和解，可以考虑寻求第三方的协助。这可以是工会、劳动监察部门、劳动争议调解机构等中立的组织或个人。他们可以提供专业的意见和建议，帮助双方更好地沟通和协商，推动和解的进程。在第三方的协助下，往往能够更客观地看待问题，找到更为合理的解决方案。

（二）依法维权　理性应对

当劳动者面临权益受到侵害的时候，依法维权并理性应对至关重要。在维权之前，要对相关的劳动法律法规有深入的了解。这包括《劳动法》《劳动合同法》《劳动争议调解仲裁法》等，以及地方性的劳动法规和政策。知晓自己的基本劳动权益，如工资、工时、休息休假、社会保险等，以及雇主应承担的义务和责任。

内容延伸

四川工会将开展"12351＋"专项行动，着力完善依法维权机制，全面建成"三位一体"12351工会服务职工热线，创建"普惠性＋特殊性"标准化权益维护体系，做好重点群体权益维护工作。推动"工会＋法院＋检察院＋人社＋司法"协作联动机制建设，推动打造一批劳动纠纷"一站式"联处中心、劳动争议多元化解工作室和诉前调解工作室等实体化运作平台，为职工提供协商、调解、仲裁、司法确认、法律援助等"一站式"便民服务；加强各级协调劳动关系三方机制体系建设，培育和谐劳动关系企业，推树基层劳动关系公共服务样板站点。同时狠抓"解决农民工欠薪，工会在行动"工作，持续做好农民工服务保障工作；加强女职工就业保护、生育保障等权益保护工作。

来源：《工人日报》

在维权过程中，证据是至关重要的。劳动者应该注意收集和保存与工作有关的所有证据，如劳动合同、工资条、加班记录、考勤表、工作任务书、与雇主的沟通记录等。这些证据在将来的仲裁或诉讼中可能会起到关键作用，支持你的主张。

维权时应遵循法定的程序和步骤。尝试与雇主进行协商，如果协商无果，可以考虑向当地的劳动监察部门投诉。如果问题依然无法解决，可以通过劳动争议调解、仲裁或诉讼等途径来维护自己的权益。

理性表达诉求。在维权过程中，保持冷静和理性，避免情绪化的言辞和行为，以免加重矛盾和问题。清晰地表达自己的诉求和期望，以及愿意接受的解决方案。考虑雇主的立场和实际情况，寻求双方都能接受的平衡点。

在维权过程中，注意维护自己的个人声誉。避免在社交媒体或公共场合发表过激或不当的言论，以免对自己的形象造成负面影响。通过合法、正当的方式表达自己的诉求，赢得社会的理解和支持。

知行合一

在现实生活中，中职生在求职过程中由于缺乏求职经验和相关知识而掉入求职陷阱的事情时有发生。如何在求职应聘中少踩坑或不踩坑？在遇到求职陷阱时，应采取哪些做法来维护自己的合法权益？

为进一步提高中职生在求职方面的自我保护能力，以班级分小组为单位开展"避免就业'踩坑'，保护劳动权益"知识抢答赛。

文化篇：传承文化 赓续劳动之脉

　　文化是一个国家、一个民族的灵魂。文化兴国运兴，文化强民族强。劳动是实现人从自然性走向文化性的必经之路。一个社会或群体所形成的有关劳动价值观念、技能、习惯等方面的共同信仰和行为准则，包括与劳动有关的各种象征、习俗和文学艺术作品等方面的表现，构成了一个区域的劳动文化。传承劳动文化，弘扬和保护人类劳动精神和价值观念，有助于促进社会的可持续发展和文化多样性。

　　传统文化及你所在的区域和校园中蕴含哪些劳动文化？如何传承劳动文化，将优秀的劳动文化融入时代，谱写劳动文化新篇章？学习本专题，我们将认识和理解劳动文化与传统文化、区域文化及学校文化的关联，坚定文化自信，懂得赓续中华文脉，推动优秀文化创造性转化、创新性发展的重要意义，自觉做中华文化的守护者、传承者、弘扬者，担负起新时代新的文化使命。

第1章　劳动文化　创新传承

一、身边的劳动文化你领略多少

问启新知

种豆南山下，草盛豆苗稀。晨兴理荒秽，戴月荷锄归。道狭草木长，夕露沾我衣。衣沾不足惜，但使愿无违。

——东晋·陶渊明《归园田居》

荷叶罗裙一色裁，芙蓉向脸两边开。乱入池中看不见，闻歌始觉有人来。

——唐·王昌龄《采莲曲》

江上往来人，但爱鲈鱼美。君看一叶舟，出入风波里。

——宋·范仲淹《江上渔者》

绿遍山原白满川，子规声里雨如烟。乡村四月闲人少，才了蚕桑又插田。

——宋·翁卷《乡村四月》

你还知道哪些描写劳动的诗句呢？

"文化"一词源于劳动实践中的耕种、生产、手工、技艺等。劳动是人特有的发生于人与自然、人与人交互作用的活动，因此，劳动不能脱离"由人自己编织的意义之网"，即文化。[①]

（一）传统文化中的劳动文化

传统文化是某个社会或文化群体积累下来的习俗、信仰、价值观、智慧和技艺等方面的文化遗产，它反映了一个民族或地区的历史、文化和社会发展状态，并具有保持和

---

① 马慧子，马梅：劳动教育独具的文化价值 [N].《光明日报》，2023.06.16（06）.

传承文化认同和历史记忆的功能。伴随着中华文明的不断演进，建立在中华优秀传统文化基础之上的，因劳动实践得以传承和发展的劳动思想、劳动价值观及劳动精神等，共同形成了我国传统文化中独特的劳动文化。

拓展链接

据史料记载，我国的劳动节最早可追溯到三皇五帝时期。每年农历二月二，上古祖神伏羲会率领各部落联盟首领"御驾亲耕"，以身作则，下地劳动。西周时武王姬发在每年二月二率文武百官亲自躬耕，并将这天定为"春龙节"。唐朝时期，二月二被正式定为"耕事节"，又叫"劳农节"，由此成为中国古代最早的劳动节。

来源：《现代快报·挑菜、农耕，古代就有"劳动节"》

传统文化中的劳动文化体现了勤劳致富的观念。古人认为，通过辛勤的劳动可以创造财富，改善生活。这种观念在古代的农耕文化中得到了充分体现，农民们日出而作、日落而息，辛勤耕耘，以期获得丰收。传统手工业者也凭借精湛的技艺和辛勤的劳动，创造出精美的工艺品，为社会带来了财富。

内容延伸

我国人民自古就有以劳动致富为荣，以不劳而获为耻的文化传统。"不劳而获"出自《孔子家语·入官》"所求于迩，故不劳而得也"，指自己不劳动却占有别人的劳动成果。《魏风·硕鼠》将不劳而获的统治者比作硕鼠，表达了对不劳而获的痛恨。

传统文化中的劳动文化蕴含着吃苦耐劳的精神。在古代社会，劳动条件艰苦，但劳动人民却能够忍受辛劳，坚持不懈地努力工作。这种吃苦耐劳的精神，成为中华民族的传统美德之一，激励着人们不断追求进步和发展。

传统文化中的劳动文化倡导勤俭节约的生活方式。古人认为，勤俭节约是持家之本，也是立国之本。通过劳动，人们学会了珍惜来之不易的财富，养成了勤俭节约的好习惯。这种生活方式有助于个人和家庭的积累和发展，也有助于社会的稳定和繁荣。

内容延伸

　　春秋末期左丘明所著的《左传》说道："俭，德之共也；侈，恶之大也。"唐代诗人李绅曾作《悯农》，其诗曰："锄禾日当午，汗滴禾下土。谁知盘中餐，粒粒皆辛苦。"描绘了农民在烈日当空的正午在田里劳作的辛苦场景，提醒社会成员劳动产品来之不易，应倍加珍惜。正如明朝《朱子家训》说的那样："一粥一饭，当思来之不易；半丝半缕，恒念物力维艰。"

　　传统文化中的劳动文化还承载着丰富的文化内涵和人文价值。例如，在古代诗词歌赋中，劳动常被作为题材来歌颂和赞美。诗人们通过描绘劳动人民的辛勤耕耘和丰收喜悦的场景，介绍古人们在劳动过程中的智慧闪现，表达对劳动的敬意和对劳动人民的关怀。古代有提倡读书人"耕读传家"（既从事农业劳动又读书或教学）的传统。通过耕读，许多读书人接近劳动生产，接近劳动人民，从而得以创作了大量反映底层人民生活、反映劳动人民喜怒哀乐的作品。

（二）区域文化中的劳动文化

　　区域文化是某个地区特有的历史、社会习俗、风土人情、语言、艺术和传统等方面的文化遗产。区域文化中的传统习俗、文化遗产、民间传说和艺术表现等元素，常常与当地的劳动过程和劳动技艺紧密关联。例如，一些地区的劳动方式和技艺可能与当地的气候、地形、资源等紧密相关，从而形成了特有的劳动文化；而这些地区的劳动文化又可能塑造了当地的区域文化，成为特有的传统习俗、艺术表现或民间传说等元素。

拓展链接

　　川西林盘是指成都平原及丘陵地区农家院落和周边高大乔木、竹林、河流及外围耕地等自然环境有机融合，形成的农村居住环境形态。它是一种集生产、生活和景观于一体的复合型居住模式，其生活形态和建筑形式在长期的历史积淀中，已演变为一种文化符号深深烙印于川西的民风民俗之中。它不仅是川西农耕文化的载体，更是传统农耕时代文明的结晶。

川西林盘构建了"稻田—林""林—宅院"的生产模式和生活模式。人、田、宅、林、水的相互共生，创造出基于川西传统农耕文明而又独树一帜的内陆生产生活模式。林盘中的居民居住于院落之中，游憩于林盘绿洲，工作于地头田间，使林盘形成以小农经济为主的自给自足的"自养生态系统"。川西林盘反映了蜀人在生活与劳动之间寻求平衡。

区域文化中的劳动文化与当地的自然环境密切相关。在农耕区，劳动文化主要体现为精耕细作的农耕文化，人们根据季节和气候的变化，合理安排农事活动，通过辛勤地劳动获得丰收。在草原牧区，劳动文化则主要体现为游牧文化，牧民们逐水草而居，通过放牧牛羊等牲畜来维持生计。这些不同的劳动方式塑造了各具特色的地方劳动文化。

区域文化中的劳动文化受到历史传统的影响。在长期的历史发展过程中，不同地区形成了各自独特的劳动传统和技艺。例如，一些古镇和村落保留了传统的手工艺制作技艺，如陶瓷制作、刺绣编织等，这些技艺不仅具有实用价值，还承载着深厚的历史文化底蕴。这些传统技艺的传承和发展，成了当地劳动文化的重要组成部分。

区域文化中的劳动文化与社会经济因素紧密相连。随着现代社会经济的发展，不同地区的产业结构和发展水平也呈现出差异，这使得各地的劳动文化呈现出多样化的特点。例如，在工业化程度较高的地区，劳动文化可能更加注重效率和创新；在旅游业发达的地区，劳动文化可能更加注重服务质量和文化传承。与四川的发展相伴相生的巴蜀文化，根源于中华文化，涵育于巴蜀文明。巴蜀文化从古蜀文明到与中原文明融合、成长、复兴的历史进程中，形成了区域独有的劳动文化。

（三）学校文化中的劳动文化

学校文化可以分为学校精神文化和学校物质文化等。学校精神文化是指学校在长期的教育实践过程中，受一定的社会文化背景、意识形态影响而形成的为其全部或部分师生员工所认同和遵循的精神成果和文化观念，表现为学校风气、学校传统以及学校教职员工的思维方式等，是学校整体精神面貌的集中体现。很多职业学校结合区域特色，对接产业特色，凝练出鲜明的办学理念、规划、目标等，如"精于技，匠于心，乐于业"的办学理念，"办一流职校、育大国工匠"的发展定位，都充分体现了劳动文化对学校精神文化的渗透。

学校的物质文化即学校里的各种物质景观积淀着历史、传统、文化和社会价值，对生活其中的师生具有熏陶、育化和浸染功能，具有巨大的潜在教育意义和隐性教育功能。正如苏霍姆林斯基所说，"一所好的学校连墙壁也能说话"。一些职业学校通过修建主题广场、校史厅、荣誉厅、文化长廊等，将学校文化、职业文化、专业文化、劳动文化等植入校园环境，体现学校育人理念。一些学校通过"前校后厂、引厂入校"的教学环境，打造体现"大国工匠"精神的工匠园，呈现制造业从原始的手工生产到未来的智能生产发展历程的文化长廊等视觉文化符号凸显劳动文化。

拓展链接

"半榻暮云推枕卧，一犁春雨挟书耕。"在绵亘千年的农耕文化长河中，耕读教育始终是一颗闪亮宝石，镌刻着古人理想的人格修为，蕴含着薪火相传的教育智慧。

新时代赋予耕读教育新的内涵。"耕"应当是融健身、修德、开慧、学艺为一体的劳动，通过除草、种树、摘果、种庄稼等丰富多样的农耕劳动体验，让青少年掌握农业技能，感悟传统文化，理解劳动人民，实现知行合一。"读"主要是指传承与创新中华优秀传统文化，内容上包括传承家风家训、了解乡风民俗、学习节气农谚等，载体上包括楹联戏曲、祠堂宗谱、学堂伦理、诗文农书、传统表演艺术、手工艺绝活等。

新时代耕读教育要着力培养勤俭节约、兢兢业业的优良传统，服务奉献、敢于担当的家国情怀，道法自然、天人合一的生态观念，艰苦奋斗、不惧困难的革命精神，开拓创新、砥砺奋进的时代追求。

来源：《光明日报·"耕"以强体，"读"以润心——我国耕读教育开展情况调研报告》

二、传承劳动文化的价值

（一）精神浸润　增强文化认同

劳动文化是一种物质生产活动的反映，更是一种精神文化的体现。它蕴含着世代劳动人民的智慧、情感和意志，通过代代相传，深深植根于人们的心灵深处。在传承劳动文化的过程中，感受美好劳动精神品质的熏陶，增强对民族文化的认同感和归属感。这种精神浸润和文化认同的增强，有助于更好地理解和珍视自己的文化传统，进而促进民族团结和社会和谐。

劳动文化的精神浸润包括认知引导、情感激发和行为塑造三个层面。在认知层面，劳动文化通过世代相传的智慧和经验，传递着勤劳、坚韧和创新等核心价值观念。当接触到这些劳动成果和劳动故事时，认识到劳动的重要性和价值，理解劳动是创造一切美好事物的源泉。这种认知上的转变打开了一扇了解自身文化的大门，引导人们深入地探索和理解民族文化的内涵。

在情感层面，劳动文化的精神浸润激发着对劳动的热爱和尊重。通过亲身参与劳动实践，体会劳动的艰辛与喜悦，感受劳动成果带来的满足感和成就感。这种情感体验让人们珍视劳动，敬佩那些辛勤耕耘的劳动者，并开始对自己的文化传统产生深厚的情感联系，这种联系有助于增强文化归属感和自豪感。

在行为层面，劳动文化的精神浸润塑造着人的行为方式和价值取向。在劳动文化的熏陶下，人们学会了勤奋工作、团结协作、勇于创新等优秀品质。这些品质影响着个人发展，塑造着整个社会风貌。人们开始自觉地传承和发展劳动文化，将其融入日常生活和工作中，以实际行动彰显着对民族文化的认同和传承。

学思并进

在世界文化历史长河中，存在着丰富的劳动教育思想。比如，朱熹的《童蒙须知》中将"洒扫涓洁"作为孩童启蒙教育；卢梭的《爱弥儿》高度重视手工劳动，将之视为重建身体与知识的有效中介；我国教育家陶行知曾说"不会种菜，不算学生"。劳动是实现人从自然性走向文化性的必经之路，对人和社会的发展而言，是教育、文化、精神的来源。而劳动教育更是能够对人的身体和精神形成双重引领，使人直面生产、发展的需求，注重培养人在传承知识技能的同时形成对社会发展有益的文化知识，以此进行文化的启蒙和教化。

来源：《光明日报·劳动教育独具的文化价值》

结合材料，举例说明劳动文化传承的价值。

（二）坚定文化自信　推动文化繁荣

劳动文化承载着中华民族的历史记忆和精神追求。从远古时代的农耕文明到现代社会的工业化进程，劳动始终贯穿其中，成为推动历史发展的重要力量。劳动文化中蕴含的精神品质，是中华民族在漫长岁月中磨砺出的宝贵品质。这些品质塑造了中华民族的性格特征，成为我们民族精神的象征。传承劳动文化就是坚定文化自信的重要体现，它让人更加自豪地认识到自己民族文化的独特价值和深厚底蕴。

深入挖掘劳动文化的丰富内涵并展示其独特魅力，更加自信地屹立于世界文化之林。在全球化的时代背景下，各种文化交流日益频繁，文化多样性成为世界的共同追求。劳动文化作为中华民族传统文化的重要组成部分，具有鲜明的民族特色和时代价值。应该积极挖掘和整理劳动文化资源，通过多种形式将其呈现给世界，让世界更加了解中国文化的博大精深。这种文化自信有助于提升国家的文化软实力，增强我国在国际舞台上的话语权和影响力。

劳动文化的传承与创新是推动社会主义文化繁荣发展的有力抓手。文化的生命力在于传承与创新。要在继承传统劳动文化的基础上，结合新时代的特点和需求，对其进行创造性转化和创新性发展。通过推动劳动文化与科技、教育、旅游等产业的深度融合，打造具有时代特色的劳动文化品牌，让劳动文化在新时代焕发出更加绚丽的光彩。这种文化的创新与发展能够满足人民群众日益增长的精神文化需求，更为中华民族伟大复兴提供了强大的精神动力。

传承劳动文化在坚定文化自信和推动文化繁荣方面发挥着至关重要的作用。应该珍视这份宝贵的文化遗产，通过加强教育引导、创新传播方式等多种手段，让劳动文化在新时代焕发出更加绚丽的光彩。

学思并进

　　活起来的文化遗产，传承着历史智慧。蜀道崎岖，却无法阻挡古代川人走出四川盆地，把"蜀布邛杖"远销大夏；正是古蜀人的开放包容，才有了三星堆文明的灿烂多元。开口"说话"的文物，营造传承中华文明的浓厚氛围。

　　文化遗产是增强民族自信的载体，可以创造性转化、创新性发展，焕发时代生机。成都崇州市道明镇、眉山市青神县依托竹编技艺打造乡村旅游新名片；民族风情浓郁的羌绣、彝绣，或探索非遗授权新路径，或用古老技法打造时尚新单品，让绣娘居家也有收入，探索出乡村振兴的新路径。

　　来源：川观新闻《四川：保护传承文化遗产 巴蜀文化绽放时代光彩》

结合材料，谈一谈你了解的巴蜀文化中特有的劳动文化。

第2章　找寻劳动文化宝藏

一、文化传承　焕发光彩

（一）传承匠心技艺　守护劳动智慧

匠心技艺，是经过数代人精心打磨、不断完善而形成的独特技艺，它不仅仅是一种技术，更是一种对待工作的态度和精神。这种技艺往往蕴含着深厚的文化底蕴和精湛的工艺水平，是传统文化的瑰宝。在现代社会的快速发展中，许多传统匠心技艺正面临着失传的风险，因此传承匠心技艺显得尤为重要。

为了有效地传承匠心技艺，可以从多个方面入手：深入挖掘和整理传统匠心技艺的资料和技艺流程，建立完整的档案和数据库，以便后人学习和研究；加强传统匠心技艺的教育和培训，通过开设相关课程、举办培训班等方式，向年轻人和从业者传授技艺，确保技艺后继有人；借助现代科技手段，如数字化技术、虚拟现实技术等，对传统匠心技艺进行保护和展示，让更多的人了解和欣赏这些技艺的独特魅力。

劳动智慧是劳动者在长期实践中积累的经验和智慧，是匠心技艺得以传承和发展的重要基础。为了守护这些宝贵的智慧财富，我们要尊重并珍视每一位劳动者的经验和见解。通过建立有效的交流和传承机制，将这些劳动智慧代代相传，为后来的劳动者提供宝贵的指导和启示。

学思并进

都江堰灌溉工程，始建于2 000多年前战国时期的秦国，是全世界迄今为止年代最久、唯一留存、以无坝引水为特征的宏大水利工程。都江堰修建之前，岷江江水泛滥成灾。为了治理水患，秦国蜀郡太守李冰父子率领广大群众汲取前人的治水经验，巧妙地利用岷江出山口处的特殊地形，修建了鱼嘴、飞沙堰、宝瓶口三大主体工程，和百丈堤、人字堤等附属工程，使堤防、分水、泄洪、排沙、控流相互依存，为无数民众输送汩汩清流，将旱涝无常的成都平原改造成沃野千里的天府之国。

2000年11月，都江堰与青城山一起被联合国教科文组织列入《世界遗产名录》。直到今天，作为天人合一、人水和谐的世界水利工程典范，都江堰还在造福人类。

搜集关于都江堰的相关资料，具体阐述都江堰灌溉工程中蕴含的劳动智慧。

积极展开行动，通过开展师徒传承、经验分享会等活动，促进老一辈劳动者与年轻一代的交流与合作。在这个过程中，老一辈劳动者传授自己的经验和技巧，帮助年轻人更快速地成长和进步；年轻人则可以发挥自己的创新能力和学习热情，推动传统匠心技艺的发展与创新。传承匠心技艺、守护劳动智慧是我们共同的责任和使命。通过加强教育培训、促进交流合作以及利用现代科技手段等方式，确保这些宝贵的文化遗产得以传承和发展。

知行合一

川西指川西平原，位于四川盆地西部，又称成都平原，当地称之为川西坝子。川西民居是传统民居建筑流派之一，它不同于北京之贵、西北之硬、岭南之富、江南之秀，自有其朴实飘逸的风格。川西民居讲究天人合一的自然观与环境观。用材因地制宜、就地取材、因材设计，建材以木、石灰、青砖、青瓦为主；墙有砖墙、土墙、石块墙、木墙、编夹壁墙等；屋顶用小青瓦、草、谷草、山草、石板瓦、树皮瓦等；还有用青厂条子做梁和门杠的。这些就地取用的材料，既经济节约，又与环境十分协调，相映成趣，乡土气息格外浓郁，呈现出一种相互的质感美、自然美。其追求"自然之道"，以符合"自然之道"的方式生活，体现了勤劳的川西人民尊重自然、顺应自然的劳动智慧。

以"发现身边的劳动智慧"为主题开展一次文化研学。

（二）弘扬劳动文化 展现经典魅力

劳动文化，作为人类文明的重要组成部分，承载着世代劳动者的汗水和智慧，体现了人类对美好生活的追求和创造。弘扬劳动文化，展现其经典魅力，有助于传承和发扬劳动精神，激发社会的创造力和创新精神。

劳动文化的经典魅力体现在其深厚的历史底蕴上。从远古时代的农耕文明到现代社会的工业文明，劳动文化一直伴随着人类的发展。在这个过程中，劳动者们创造了许多令人叹为观止的艺术品和建筑物，这些都是劳动文化的瑰宝。通过弘扬这些经典作品，可以让更多的人了解劳动文化的丰富内涵和历史价值。

劳动文化的魅力体现在劳动者的精神风貌上。劳动者在辛勤的汗水中，不仅创造了物质财富，更塑造了勤劳、坚韧、创新的精神风貌。这种精神风貌是劳动文化的核心，也是我们需要弘扬的重要内容。通过展现劳动者的精神风貌，可以激发社会的正能量，引导人们树立正确的价值观和人生观。

为了弘扬劳动文化，展现其经典魅力，可以采取多种形式：举办劳动文化展览，展示劳动者的作品和成就，让人们亲身感受劳动文化的魅力；邀请劳模、工匠等走进校园和社区，分享他们的劳动经验和故事，激发人们对劳动的热爱和尊重；利用现代媒体手段，如电影、电视剧、纪录片等，来传播劳动文化的经典魅力，通过这些影像资料，人们可以更加直观地了解劳动者的生活和工作环境，感受他们的辛勤付出和坚韧精神。

弘扬劳动文化需要我们每个人的参与和努力。无论是在工作中还是生活中，我们都要尊重劳动，珍惜劳动成果，关注劳动者的权益和福利。只有这样，我们才能真正地弘扬劳动文化，展现其经典魅力，让劳动成为每个人心中的光辉。

学思并进

青神县被誉为"中国竹编艺术之乡"。青神竹编已有3000余年的历史，以精、巧、奇、绝闻名于世，是中国国家级非物质文化遗产。在发展过程中，青神人已开发了平面竹编、立体竹编、瓷胎竹编、竹编家具、仿真竹编等25类3000多种竹产品。不少国家盛产竹，但是竹资源利用不够充分。借力"一带一路"，青神竹编传承人带着竹子栽培技术、竹编技艺技能走出国门。语言不通，就靠翻译加演示，从使用工具到编织手法一一加以传授。

结合材料，谈一谈你知道的四川非遗项目目前以怎么样的形式进行传承。

二、融入时代 谱写新篇

（一）融合现代元素 创新劳动传承

在快速发展的现代社会中，传统劳动传承面临着新的挑战和机遇。为了保持劳动传承的活力与吸引力，融合现代元素进行创新显得尤为重要。这能够使传统技艺焕发新的生机，拓宽其受众群体，实现更广泛的传播与应用。

融合现代元素，对传统劳动技艺进行深入的研究和理解。明确传统技艺的核心价值和独特之处，找出可以与现代元素相结合的点。例如，在手工艺领域，可以尝试将传统的编织、雕刻等技艺与现代设计理念相结合，创作出既具有传统文化韵味又符合现代审美需求的作品。

关注现代科技和新材料的发展。现代科技为劳动传承提供了新的可能性和创新空间。例如，利用 3D 打印技术来辅助传统手工艺品的制作，或者利用新材料来替代传统的材料，以达到更好的艺术效果。这些现代元素的融入，不仅可以提高劳动效率，还能为传统技艺注入新的创意和表现力。

融合现代元素需要关注市场需求和消费者偏好。传统劳动技艺的传承与发展需要与时俱进，紧密结合市场需求和消费者喜好。通过市场调研和数据分析，了解消费者的需求和审美趋势，有针对性地融合现代元素，创新劳动传承的方式和内容。

在融合现代元素的过程中注意保持传统技艺的独特性和核心价值。创新并非意味着完全颠覆传统，而是在保留传统精髓的基础上，进行适度的改良和创新。这样既能满足现代消费者的需求，又能保持传统技艺的独特魅力。

要加强跨界合作与交流。通过与其他领域的专业人士进行合作，共同探索传统技艺与现代元素的结合点。这种跨界合作可以为传统技艺注入新的创意和灵感，拓宽其应用领域和市场前景。

融合现代元素进行创新劳动传承是一项长期而富有挑战性的任务。我们需要保持开放的心态和创新的精神，不断探索和实践，使传统劳动技艺在新的时代背景下焕发出更加绚丽的光彩。

拓展链接

充满童趣的肚兜、精致的荷包、实用的针扎……在四川省庆祝中华人民共和国成立 70 周年大型成就展雅安馆，市级非物质文化遗产石棉尔苏藏族刺绣项目代表性传承人唐全美带来了具有艺术观赏性的作品和实用品，吸引了大批观众驻足。唐全美开办非遗技艺传承培训班，找到一批有志于学习刺绣并且想要摆脱贫困的妇女。这些绣娘通过自己的劳动，每月能够赚取固定收入，为家庭减轻了经济负担，也激发了大家参与刺绣的积极性。社会学者李巫熙表示："'见人，见物，见生活'，这是非遗的根本。让传统技艺与现代大众文化生活相结合，才能实现对非遗的保护、发展和弘扬。"

（二）倡导新发展理念 重塑劳动风尚

在当今这个日新月异的时代，创新已经成为推动社会发展的核心动力。要站在时代的前沿，倡导和践行新的劳动理念，推动劳动者以更加积极的态度投身于创新实践中，为社会的进步贡献力量。

倡导新发展理念，要树立创新意识。鼓励劳动者敢于挑战传统，勇于尝试新事物。这要求我们营造一个开放、包容的创新环境，让每一个劳动者都能够在这样的环境中自由发挥，实现自我价值。要提供必要的创新资源和支持，如技术支持、资金扶持等，帮助劳动者将创新想法转化为实际成果。

要加强创新教育。通过在教育体系中融入创新课程，培养劳动者的创新思维和创新能力。通过邀请创新领域的专家进行授课，分享他们的创新经验和故事，激发劳动者的创新热情。开展各种创新实践活动，如创新竞赛、创业培训等，让劳动者在实践中锻炼创新能力，提升创新素养。

倡导尊重劳动、崇尚创新的社会风尚。提高劳动者的社会地位，让他们得到应有的尊重和认可。宣传和推广创新成果，让更多的人了解和认识到创新的重要性，激发整个社会的创新活力。

关注劳动者的全面发展。通过提供多元化的培训和发展机会，帮助劳动者提升自身能力，实现个人价值。这样不仅能够增强劳动者的归属感和满意度，还能够激发他们的创新潜力，为社会的进步贡献更多的力量。

倡导新发展理念、重塑劳动风尚需要全社会的共同努力。政府、企业、学校等各方应该加强合作,共同营造一个有利于创新的社会环境。政府可以提供政策支持和资金扶持,鼓励企业和个人进行创新实践;企业可以加强研发投入,推动技术创新和产品升级;学校则可以加强创新教育,培养具备创新意识的人才。

知行合一

当这届年轻人点亮文化自信,青春与非遗双向奔赴,非遗大省四川正迸发出热辣滚烫的"新生"力量。"老手艺"碰上新生代。"80后""90后"传承人将竹编编成大运会伴手礼,用3D打印做泥塑、画糖画,非遗也贴上了"个性化""时代化"的标签。老题材有了新做法。羌族碉楼DIY文创、木版年画表情包、醪糟养生饮品,非遗带着"人间烟火气",走入"寻常百姓家"。老行当登上新平台。羌绣联名《功夫熊猫》,剪纸联动动漫,皮蛋送进米其林餐厅,非遗在更大的舞台上绽放光彩。

非遗,从时光深处走来,在创新表达中新生。赓续历史文脉,谱写当代华章。越来越多既守住初心、又敢于创新的非遗"新生"力量,担负起新的文化使命。

结合材料,请寻找身边的非遗项目,谈一谈新时代的创新表达。